Brunello Mantelli

Kurze Geschichte des italienischen Faschismus

DUX
LUCE

Brunello Mantelli

Kurze Geschichte des italienischen Faschismus

Aus dem Italienischen von Alexandra Hausner

Verlag Klaus Wagenbach Berlin

Wagenbachs Taschenbuch 300
Deutsche Erstausgabe

Verlag Klaus Wagenbach, Ahornstraße 4, 10787 Berlin. Umschlaggestaltung durch Groothuis+Malsy unter Verwendung eines Photos aus dem Archivio Iconografico Giunti, Florenz. Das Karnickel auf Seite 1 zeichnete Horst Rudolph. Gesetzt aus der Walbaum Standard (Berthold) und Futura (Berthold) durch die Offizin Götz Gorissen, Berlin. Druck und Bindung durch die Druckerei Wagner, Nördlingen. Gedruckt auf chlor- und säurefreiem Papier. Printed in Germany.
ISBN 3 8031 2300 3

Inhalt

Faschismus, Faschismen

Ohne das italienische »Faschismusmodell« wären die ihm nachfolgenden Modelle, auch das nationalsozialistische, nicht denkbar. Was nicht heißen soll, daß die autoritären Rechtsdiktaturen in den betroffenen europäischen Ländern nicht an die Macht gekommen wären: nur mit anderen Charakteristiken. Wie im folgenden zu zeigen, kann man auch nur von einem »Modell« im idealtypischen Sinn sprechen, trotz der beträchtlichen Unterschiede zwischen den einzelnen nationalen Ausformungen. Diese sind einerseits von den Modalitäten, mit denen ein faschistisches Regime errichtet wurde, und andererseits von der vorhergehenden Nationalgeschichte geprägt. So muß zwischen den Ländern unterschieden werden, in denen ein faschistisches Regime durch endogene Dynamiken an die Macht kommt (wie in Italien, Deutschland, Österreich, Ungarn, Portugal, Spanien etc.) und andererseits den lediglich kollaborationistischen Regimen. Die faktischen Unterschiede zwischen den einzelnen Faschismen, besonders zwischen denen Mussolinis und Hitlers, sind im Grunde genommen quantitativer Natur, wobei aber die weitaus größere Radikalität und die erschreckende Vernichtungsmaschinerie des »Dritten Reiches« unbestritten bleibt. Das ist jedoch weniger einem von Natur aus »gemäßigteren« Charakter des italienischen Faschismus (und noch weniger anthropologischen oder kulturellen Merkmalen der betroffenen Völker) zu verdanken, sondern vielmehr den strukturellen Schwächen des italienischen Staates, seiner Wirtschaft und seiner Gesellschaft, die Mussolini und seine Parteifunktionäre daran hinderten, ihr Herrschafts- und Eroberungsbestreben bis in seine letzten Konsequenzen zu verfolgen.

Reaktion oder Moderne?

Die Natur des faschistischen Modells und seine Beziehung zur Tradition und zur Moderne: Ist der Faschismus ein reaktionärer Traditionalismus, der sich durch das Wiederauftauchen vergangener Ideen und Begriffe im 20. Jahrhundert auszeichnet oder ist er eng an die gegenwärtige Gesellschaft gebunden?

Der Faschismus stellte die Prinzipien der Hierarchie und der Ungleichheit in den Mittelpunkt seines Denkens und Handelns. Er war eine autoritäre Bewegung, von einem charismatischen, vom Volk nicht legitimierten Führer geleitet. Er sah in der Gesellschaft kein Miteinander von Individuen (*citoyens*), die mit den Mitteln der Konfrontation und Auseinandersetzung einen kollektiven Willen bilden, sondern einen überindividuellen lebenden Organismus, in dem jedem Teil eine präzise Aufgabe zufällt. Somit nahm die Bewegung der Fasci eine Gegenposition zu dem auf die Prinzipien der Französischen Revolution gegründeten demokratischen Denken ein. Andererseits berief sich der Faschimus stets auf die Nation und das Vaterland, typische Ideen des 19. Jahrhunderts, und unterstrich seine Absicht, alle sozialen Gruppen in die von ihm aufgebaute Staatsmaschinerie ausnahmslos einzubeziehen: Also keine reaktionäre Diktatur, wenn man unter »Reaktion« den Wunsch versteht, eine verletzte Ordnung wiederherzustellen.

Der Faschismus kann nur vor dem Hintergrund der Massengesellschaft verstanden werden, die sich im 19. Jahrhundert und in den Jahren des gesellschaftlichen Umbruchs nach dem Ersten Weltkrieg gebildet hatte. Die beständige Rückbesinnung der faschistischen Propaganda auf Ordnung und Hierarchie sollte die Massen von der Politik nicht fernhalten, sondern sie in einer untergeordneten und unselbständigen Rolle vereinnahmen. Nicht die Ordnung des *Ancien Regime*, in dem nur die Treue zum Herrscher und die passive Akzeptanz der eigenen Stellung innerhalb der sozialen Ordnung zählte, war Vorbild, sondern es galt die Disziplin der Massenheere, die an den Fronten vom Isonzo bis zur Marne Befehle ausführten. Die große »militarisierte Fabrik« war hierarchisch organisiert.

Doch weder das moderne Heer noch eine Fabrik können funktionieren, wenn sie sich nur auf eiserne Disziplin stützen, ihre Mitglieder müssen zumindest teilweise die von den Führungsgruppen verfolgten Ziele teilen. Das kann auf verschiedene Weise erreicht werden; der Faschismus ist nur eine von mehreren Möglichkeiten. Doch ist er durch den Willen gekennzeichnet, die Massen miteinzubeziehen, ohne den sozialen und politischen Konflikt, der in demokratischen Systemen daraus unweigerlich folgt, zu akzeptieren.

Eine weitere Schwierigkeit bei der Erklärung des Phänomens Faschismus ist mit der Faszination verbunden, die von 1922 bis zur Mitte der dreißiger Jahre vom italienischen Regime und seinem Führer auf fast alle Länder Europas ausging. Mussolinis Diktatur war beispielgebend für politische Führer, Bewegungen und Parteien in wirtschaftlich rückständigen Staaten mit vorherrschender Landwirtschaft und teilweise noch vorkapitalistischen sozialen Beziehungen, wie Ungarn, Rumänien, Griechenland, Jugoslawien, Polen, die baltischen Staaten, Spanien und Portugal. Aber auch für fortschrittliche Staaten mit einer starken Industrie und einer modernen sozialen Dynamik, mit einem Industrie-Bürgertum und Proletariat und einer urbanen Mittelschicht, wie Deutschland, Belgien und Frankreich.

Warum war diese »faschistische Versuchung« so stark und warum trat sie in so unterschiedlichen Zusammenhängen in Erscheinung?

Drei Aspekte der faschistischen Politik machte sie in den Augen der europäischen intellektuellen und politischen Eliten so anziehend: Erstens vertritt das faschistische Regime zwar reaktionäre Werte, es ist jedoch ein »reaktionäres Massenregime«. Zweitens ist es kein rein konservatives Regime, sondern es bezeichnet sich auf wirtschaftlichem und sozialem Gebiet als »revolutionär«. Aber es handelt sich um eine »Revolution von oben«, die die soziale Ordnung nicht verändert. Drittens will es modern, sogar »moderner« als die westlichen Demokratien und der sowjetische Kommunismus sein. Seine Modernität wird jedoch rein quantitativ gemessen. Daher werden nur der Index der Entwicklung des Bruttosozialproduktes, die gebauten Straßenkilometer, die Anzahl der eingerichteten Häuser, der Umfang des trockengelegten Landes, die Gesamtaktivität der eingerichteten Hilfsorganisationen, die Menge der in den Militärarsenalen angehäuften Waffen und so fort berücksichtigt. Selbst wenn man die offiziellen Daten über den Gehalt der »Werke des Regimes« ernst nimmt, muß der Wille Mussolinis und seiner Adepten hervorgehoben werden, eine »Modernität« ohne »Modernisierung« zu verwirklichen. Für individuelle Entfaltung war kein Platz, zudem wurde mit den traditionellen, patriarchalischen sozialen Rollen, die auf der Ungleichheit zwischen den Geschlechtern und Generationen

Die »Werke des Regimes«: Bauarbeiten an der Via dei Fori Imperiali in Rom

gründeten, in keiner Weise gebrochen. Eine klare Ablehnung der Säkularisierungsprozesse, die in den fortschrittlichsten westlichen Gesellschaften – in Großbritannien, Skandinavien, teilweise in Frankreich und den Vereinigten Staaten – im Gefolge der Entwicklung der Massengesellschaft bereits früher begonnen hatten.

Eine »Herrschaft von Eseln«?

Viele Antifaschisten waren davon überzeugt, daß der Faschismus eine Nicht-Kultur, ein Nicht-Denken war. Das hing einerseits von der restriktiven und normativen Bedeutung ab, die sie dem Begriff Kultur – oft Synonym für »hohe Kultur« – zuwiesen, und andererseits davon, daß die Mehrheit der europäischen Intellektuellen der Propaganda des Regimes ihre ausdrücklich demokratischen Werte entgegensetzten.

Definiert man aber »Kultur« als »Gesamt-Welteinsicht«, muß differenziert werden. Es ist richtig, daß sich eine von den Werten des Regimes geprägte hohe Kultur nicht herausbildete, was manchen nicht linientreuen italienischen Intellektuellen Handlungsspielraum ließ, aber es ist ebenso wahr, daß der

Faschimus in Italien sich zum Träger eines präzisen kulturellen Konzepts machte, das von Ordnungs- und Hierarchieprinzipien und einer nationalen Idee geprägt war. So ließen sich imperialistische Ansprüche und die Herrschaft über das Ausland, sowie Ungleichheiten und autoritäre Herrschaft im Inneren rechtfertigen.

Das Regime war bemüht, die »Italiener zu machen«, d.h. eine »Nationalisierung der Massen« in die Tat umzusetzen. Dem lag ein Begriff von »Nation« und »nationaler Identität« zugrunde, der sich völlig von den Modellen des liberalen Italiens unterschied.

Da man die Massen einbeziehen und gleichzeitig aber ihre Untergebenheit beibehalten wollte, wurde ein komplexer Apparat von Massenorganisationen, Freizeiteinrichtungen und Propagandaorganen aufgebaut; alle verfügbaren Kommunikationsmittel, einschließlich Kino und Radio, wurden eingesetzt. Es bedurfte der Mitarbeit der Intellektuellen, der Lehrer, Direktoren, Schriftsteller, Regisseure. Wenn auch nur wenige von ihnen in die Opposition gingen, so waren doch nicht alle anderen »militante Kämpfer« des Regimes. Ein guter Teil erfüllte seine Pflicht als treue Beamte des vom König ernannten Regierungschefs Mussolini. Aber der Cavalier Benito Mussolini war als Duce des Faschismus Regierungschef, das heißt

Grundsteinlegung für das faschistische Filminstitut »Luce«

einer Partei und eines Regimes, das die Opposition außer Kraft gesetzt hatte und Andersdenkende als »Feinde der Nation« bezeichnete. Die Zustimmung des unentschlossenen Beamten war für das faschistische Regime noch notwendiger als der Beitrag des hundertprozentigen Militanten, der stets ein schwarzes Hemd trug.

Das kulturelle Konzept des Regimes war aus vielen Gründen widersprüchlich, oft beschränkt und provinziell. Italien blieb von den lebendigsten modernen Strömungen der europäischen und internationalen Kultur isoliert. Zwanzig Jahre lang beherrschte das System der faschistischen Werte das Denken der Italiener und Italienerinnen, es hinterließ tiefe Spuren und trug zur Verbreitung von Stereotypen bei, die in das allgemeine Bewußtsein eingingen.

Der Leitspruch der faschistischen Jugendorganisation, der »Balilla«: »Wir verachten das bequeme Leben.«

FIAT-Ferienkolonie
in Marina di Massa

Stagnation oder Entwicklung?

Nach 1933 wurde ein komplexes System aufgebaut: staatliche Kontrollen für den Außenhandel einerseits und staatliche Monopole andererseits, die für den Erwerb und die Verteilung der unterschiedlichsten Waren verantwortlich waren. Diese beiden Phänomene und die im Winter 1935/36 beginnende Autarkie-Politik verstärkten das Bild eines dirigistischen Faschismus, der die Wirtschaft in einem Netz bürokratischer und ministerieller Fesseln gefangen hielt.

Etliche Marxisten setzten Faschismus mit Stagnation gleich, wobei sie die Beziehung zwischen den großen kapitalistischen Unternehmen und dem Regime hervorhoben, die mit der Übernahme wichtiger politischer Ämter durch bedeutende Unternehmer (zum Beispiel Alberto Pirelli) besiegelt wurde. Laut der Stamokap-Theorie sind sie der Meinung, daß, als eine Weiterentwicklung der Produktivkräfte nicht mehr möglich war, der Kapitalismus autoritäre Regime hervorbrachte, die die Arbeiterbewegung unterdrückten und sich aggressiv ausbreiteten.

In den letzten 15 Jahren entwickelte sich eine entgegengesetzte (aber ebenso einseitige) Auslegung, nach der der Faschismus ein dynamischer Faktor für den Wandel des Landes gewesen sei. Die Landtrockenlegung (Paradebeispiel: die Pontinischen Sümpfe), die öffentlichen Arbeiten, die Eingriffe in das urbane Netz und der wirtschaftliche Interventionismus hätten den nationalen Produktionsapparat vor den katastrophalen Auswirkungen der Weltwirtschaftskrise von 1929 bewahrt. Damit seien außerdem Grundsteine für den Wandel Italiens zur Industriegesellschaft in den fünfziger Jahren gelegt worden.

Beide Thesen isolieren den italienischen Fall, berücksichtigen den Kontext nicht und weichen der Schlüsselfrage aus: Was war besonders »italienisch« an den wirtschaftspolitischen Entscheidungen von 1922 bis 1940 und was dagegen hat Italien mit anderen, entwicklungsmäßig vergleichbaren Ländern gemeinsam?

Die Besonderheit des italienischen Falls läßt sich nicht nur auf das Regime, sondern auch auf den Charakter des italienischen Unternehmerbürgertums zurückführen. Der faschistische Autoritarismus brachte den Arbeitsmarkt unter seine Kontrolle, bewahrte die Unternehmen vor Lohnforderungen und schränkte die Kaufkraft der Arbeiter ein. Durch die kriegeri-

Bauern bei der Trockenlegung der Pontinischen Sümpfe

Faschistische Architektur: Modell des für die geplante Weltausstellung des Jahres 1942 errichteten EUR-Viertels

schen und imperialistischen außenpolitischen Entscheidungen der dreißiger Jahre flossen beträchtliche öffentliche Investitionen in die Industrie. Doch das Industriebürgertum nutzte die Investitionsgrundlage nicht, um eine Strategie zur Rationalisierung und Produktionsexpansion zu entwickeln. Es zog die Wirtschaftspolitik des Regimes vor, mit der sofortige Profite zu erzielen waren.

Eine »faschistische Wirtschaftspolitik« gab es also nicht. Die Entscheidungen des Regimes lassen sich sowohl auf internationale Tendenzen, als auch auf seine Geschichte zurückführen, die von der »Modernität ohne Modernisierung« und der »Revolution von oben« bestimmt ist. Der daraus folgende »risikoscheue Kapitalismus« förderte bei den italienischen Unternehmern die Tendenz zur Anpassung, zur Suche nach dem unmittelbaren Vorteil, verhinderte aber die Entwicklung »großer Pläne«. Das ergab eine einzigartige Mischung aus Rückständigkeit und Modernität, aus Stagnation und Entwicklung.

Zwischen dem Sommer und Herbst 1938 erließ das Regime Verfügungen, durch die Juden, d.h. sowohl italienische Staatsbürger als auch Immigranten, diskriminiert wurden. Über die Gründe und den Sinn der Anwendung dieser Bestimmungen und die entscheidende Frage, ob die antisemitischen Gesetze eine Wende für den Faschismus bedeuteten, oder ob hier Abneigungen und Stimmungen zum Vorschein kamen, die in seiner Kultur und politischen Praxis bereits verwurzelt waren, gibt es unterschiedliche Meinungen.

Weitverbreitet ist die Ansicht, Benito Mussolini habe die antisemitischen Gesetze eingeführt, um das Hitlersche Deutschland nachzuahmen, zu dem die Beziehungen immer sehr eng waren und das entsprechenden Druck ausgeübt habe. Die Gesetze von 1938 hätten damit ihren Ursprung in der Außenpolitik. Für eine solche Ansicht gibt es jedoch keine archivalischen Belege. Die Gegenansicht: Die Entscheidung, den Juden ihre Bürgerrechte zu entziehen, sie zu registrieren und von der übrigen Bevölkerung, die offiziell als »rein arisch« bezeichnet wurde, zu isolieren, war die alleinige Entscheidung Mussolinis und seiner hohen Parteifunktionäre. Um die beiden Standpunkte zu prüfen, muß man die Beziehung zwischen dem Faschismus – seit seiner Entstehung bis 1938 – und den Rassentheorien untersuchen und Italien im Kontext der anderen europäischen Staaten sehen, in denen ähnliche Regime an der Macht waren.

Bis 1937 verfügte nur das nationalsozialistische Deutschland über eine antijüdische Gesetzgebung, wenn auch in vielen Ländern der Antisemitismus verwurzelt war und teilweise Diskriminierungen bestanden, wie in Lettland, Estland, Polen, Österreich, Ungarn, Jugoslawien, Bulgarien und Griechenland. 1938, im Jahr der Wende, wurden von der rumänischen, ungarischen und italienischen Regierung antisemitische Gesetze eingeführt.

In Italien wurden nicht alle Juden gleich verfolgt, sondern es gab zum Beispiel unterschiedliche Behandlungen für in Italien geborene oder eingewanderte Juden. Mitgliedern besonderer Kategorien (zum Beispiel ehemaligen Kämpfern) wurde ein weniger diskriminierender Status gewährt. Der Zugang zu

Titelbild der antisemitischen Zeitschrift *La difesa della razza*

bestimmten Berufen wurde nach proportionalen Kriterien geregelt oder gänzlich verweigert. Auf diese Weise wurde das Prinzip der Rechtsgleichheit aller Bürger durchbrochen und der Weg für die unterschiedslose Verfolgung freigegeben.

Bis 1938 hatte das Regime noch keine antisemitischen Maßnahmen ergriffen, aber es gab innerhalb des Faschismus einen von Giovanni Preziosi angeführten, antisemitischen Minderheitenflügel. Seine Positionen fanden in der Tageszeitung *Il Tevere* ein Sprachrohr, die 1924 von Mussolini gegründet worden war. Der Duce selbst hatte darin einerseits Kritik am Antisemitismus geäußert, andererseits aber das »internationale Judentum« angegriffen. Unabhängig von den politischen Positionen der italienischen Juden, die dem Regime oft loyal gegenüberstanden, war es klar, daß die Präsenz einer mit einer besonderen kulturellen und historischen Identität ausgestatteten Minderheit (ca. 40 000) einem Regime im Wege stand, das die Bildung einer »totalitären« nationalen Identität anstrebte.

Hatte die Diskriminierung der sprachlichen Minderheiten (der Bewohner des Aostatals, Südtiroler, Slawen in Istrien) innerhalb einer eng nationalistischen Politik, deren Ziel es war, ihre Mitglieder zu entnationalisieren und sie mit Gewalt zu Italienern zu machen, noch die Bedeutung, eine Art »inklusiven« Nationalismus zu bilden, so sind die Vorschriften von 1933, die Ehen und das Zusammenleben zwischen italienischen Bürgern und eingeborenen »Untertanen der Kolonien« untersagten und festsetzten, daß deren Kindern nicht automatisch die Staatsbürgerschaft gewährt wurde, eindeutig rassistisch. Innerhalb einer übernationalen Politik, deren Ziel es war, ihre Mitglieder zu entnationalisieren und sie mit Gewalt zu Italienern zu machen, wurde nicht assimiliert, sondern auf der Basis vorgegebener »rassischer« Eigenschaften diskriminiert. Denn gerade mit der Notwendigkeit, ein italienisches rassisches Bewußtsein zu bilden und »Rassenpolitik« zu üben, wurden diese Maßnahmen von Mussolini und dem damaligen Presse- und Propagandaminister Galeazzo Ciano gerechtfertigt.

Der Rassismus gehörte in dem Maß zum Faschismus, als beide einen Gesellschaftsbegriff vertraten, in dem das Gleichheitsprinzip durch das hierarchische ersetzt wurde und es keinen Platz für artikulierte und vielseitige Identitäten gab. Man war entweder Mitglied der Nation oder deren Feind. So gesehen war der Nationalsozialismus nichts anderes als ein in seine extremsten Konsequenzen geführter Faschismus.

Faschismus: Warum ausgerechnet in Italien?

Der Faschismus ist eine Folge des Ersten Weltkrieges und der Nachkriegszeit; um die Ursachen seines Erfolges in Italien zu verstehen, muß man zunächst die europäische Situation nach 1918 und die Friedensverträge berücksichtigen, die das Ende des Ersten Weltkrieges besiegelten.

Die regierungsbildenden politischen Schichten, die am Krieg teilgenommen hatten, steckten in einer tiefgehenden Legitimationskrise, die vor allem in den besiegten Ländern brisante Züge annahm: in Deutschland und den Staaten, die aus der Zersplitterung des habsburgischen Reiches hervorgegangen waren (vor allem Österreich und Ungarn). In ihnen führte die Krise zu Umsturzversuchen einer sozialistischen und kommunistischen Linken, die im russischen Oktober einen nachzuahmenden Modellversuch sah.

Das sowjetische Rußland, das den »Ersten Sozialistischen Staat der Arbeiter und Bauern« ausgerufen hatte, mit seiner Führungsgruppe, die sich als die damalige Avantgarde der kommunistischen Revolution in Europa verstand, hinterließ tiefe Spuren in der Nachkriegszeit. Dabei war die materielle Realität des von Lenin und Trotzki geführten Staates, der bis 1920 von einem von den Westmächten geförderten Bürgerkrieg erschüttert wurde, und erst nach weiteren zwei Jahren die Herrschaft über ein weites Gebiet des ehemaligen Zarenreiches wiedererlangte, weniger wichtig als sein Image.

Für große Teile des europäischen Proletariats bedeuteten die Russische Revolution, die Sowjets und die bolschewistische Partei die Verwirklichung des Sozialismus. Er stand unmittelbar vor der Tür und die führenden Schichten, auf denen die ganze Verantwortung des Krieges lastete, konnten gestürzt werden. Das gegenteilige Phänomen zeigte sich unter den herrschenden Klassen: der Bolschewismus, seine Führer, jene bislang unbekannten Namen, die bei den Arbeiterdemonstrationen skandiert wurden, und die Rote Armee wurden zu einer Metapher des Umsturzes aller überlieferten Werte und bestehenden Institutionen.

Die Zwischenkriegszeit

Alle europäischen kriegführenden Staaten gingen mehr oder weniger wirtschaftlich geschwächt aus dem Krieg hervor. Sie waren im Ausland verschuldet, hatten im Inneren gravierende Haushaltsdefizite und waren starken inflationären Tendenzen ausgesetzt. Die aus der Rüstungsanstrengung entstandenen Kosten wurden größtenteils (durchschnittlich zu rund 80%) durch Verschuldung gedeckt. Die wirtschaftlichen Beziehungen zwischen Europa und der übrigen Welt, vor allem mit Nordamerika und dem Pazifikgebiet, d.h. den Vereinigten Staaten und Japan, veränderten sich zuungunsten des alten Kontinents.

Trotzdem erlebte die Wirtschaft in den Siegerländern in den ersten Monaten nach dem Waffenstillstand einen unerwarteten, jedoch flüchtigen Boom, der von einer starken Warennachfrage geschürt und einem zusätzlichen Preisanstieg begleitet wurde. Bereits im Frühjahr 1920 wurde die Expansion von der Rezession abgelöst: die Nachfrage sank, ein beachtlicher Anteil der globalen Produktivität blieb ungenutzt, die Arbeitslosigkeit stieg beträchtlich.

Erst 1925 war die Nachkriegs-Stagnation überwunden, obwohl in vielen Ländern der Anteil der Arbeitslosen sehr hoch blieb.

Die italienische Wirtschaft von 1918 bis 1925

Die italienische Wirtschaft wurde durch den Krieg grundlegend verändert. Im letzten Kriegsjahr hatte die Industrie an dem durch den Privatsektor realisierten Mehrwert einen Anteil von 30,6% (1914 waren es 25%). Dieses Wachstum ist fast ausschließlich dem zum »Hilfssektor« erklärten Bereich der Rüstung und Kriegsproduktion zu verdanken, der rund die Hälfte des Industrieapparats (insgesamt 1976 Fabrikanlagen) ausmachte und somit der Kontrolle des Ministeriums für Bewaffnung und Munition unterlag. Die offiziell erklärten Gewinne im chemischen und stahlverarbeitenden Sektor und in der Automobilbranche hatten sich, verglichen mit den Durchschnittswerten von 1914, verdreifacht. Dank der öffentlichen

Arbeiter im FIAT-Werk Lingotto

Aufträge erreichten einige Unternehmen kolossale Ausmaße. Als bestes Beispiel gilt FIAT, dessen Mitarbeiterzahl von 4000 im Jahr 1914 in vier Jahren auf 40500 gestiegen war. Einen Gegenpol zur industriellen Expansion bildete der Konzentrationsprozeß auf dem finanziellen Sektor: der Staat förderte das Bankenkartell.

Ursache der Inflation waren die durch die öffentliche Verschuldung finanzierten Militärausgaben: 1918 haben sich die Verbraucherpreise im Vergleich zu 1913 vervierfacht. Auch wenn es sich dabei um weitaus niedrigere Zahlen als in den besiegten Ländern handelte, so reichten sie doch aus, um einen Rückgang der Reallöhne zu verursachen, die im letzten Kriegsjahr, optimistischen Schätzungen nach, zwei Drittel der Löhne von 1913 betrugen. Gleichzeitig erfuhr die Zahlungsbilanz eine deutliche Verschlechterung aufgrund der beachtlichen Zunahme der Nahrungsmitteleinfuhren (vor allem Weizen) und der zeitweiligen Verminderung der Geldüberweisungen der Emigranten, die in der Geschichte des Vereinigten Italiens einen besonders wichtigen Posten ausmachten. Der Kurs der Lira wurde stetig schwächer.

Wegen der Einberufung tausender junger Bauern und der Überstellung einer großen Anzahl junger Männer und Frauen aus der Landwirtschaft in die Industriegebiete für die Kriegsproduktion ging die Agrarproduktion zurück, was sich negativ auf die Dynamik des Import-Exports auswirkte. Auf dem Land kam es zu unterschiedlichen Entwicklungen: Wer in der Lage war, für den Markt zu produzieren, erstarkte, während die mittleren Agrarstände durch die Inflationsauswirkungen geschwächt wurden. Darüber hinaus fand ein »Proletarisierungsprozeß« statt: nicht wenige kleine Grundbesitzer waren gezwungen, ihr Land zu verkaufen und Landarbeiter zu werden.

Die kurze expansive Phase zwischen 1919 und 1920 ermöglichte in einigen Industriebereichen, vor allem im Textilsektor, einen Wiederaufschwung. Es folgten Zusammenschlüsse: Montecatini, bis dahin nur im Bergbau aktiv, inkorporierte die führenden Hersteller chemischer Dünger; die Schiffahrtsgesellschaft SNIA, im Besitz der Gruppe Agnelli-Gualino, übernahm die Viscosa und begann mit der Produktion von Kunstseide.

Im Land verschärften sich die Inflation (der Preisindex stieg auf 519 gegenüber 100 im Jahr 1913) und das Defizit im Staatshaushalt. Die erst von Francesco Saverio Nitti und später von Giovanni Giolitti geführte Regierung unternahm daher einen dringend notwendigen Sanierungsversuch: Sie erhöhte die Steuern und führte eine Vermögenssondersteuer sowie Namenspapiere ein, womit sie die auf dem Finanzmarkt investierten Kapitalien sichtbar und besteuerbar machen wollte. Maßnahmen, die die besitzenden Schichten trafen. Andererseits schlug die Regierung vor, den staatlich festgesetzten Brotpreis abzuschaffen, eine Maßnahme, die sich vor allem auf die ärmeren Volksschichten auswirkte.

Das Szenarium veränderte sich plötzlich, als im Jahr 1920 auf die Expansion eine weltweite Krise folgte. Die Produktion nahm ab, die Gewinne verringerten sich und auch die Preise stagnierten. Die Handelsbilanz verbesserte sich zwar sofort, besonders wegen der Verringerung des Getreidepreises, doch gleichzeitig stieg die Zahl der offiziell gemeldeten Arbeitslosen auf 600 000. Unter dem Druck der Industriellen griffen die Behörden auf protektionistische Maßnahmen zurück: Die neuen Zolltarife belohnten insbesondere die mechanische und metallverarbeitende Industrie. Die Regierung Bonomi, seit dem 4. Juli 1921 im Amt, gewährte eine Amnestie für diejenigen, die Steuern auf die Kriegsgewinne hinterzogen hatten.

Die während der Kriegsjahre und der ersten Nachkriegszeit hergestellte Verflechtung zwischen den Banken und der Industrie zeigte nun ihre Grenzen und Gefährlichkeit. Im Dezember 1921 ging die Banca di Sconto unter der Last großer Kapitalfestlegungen in der Schwerindustrie (Ilva und Ansaldo) in Konkurs: Selbst die Regierung war davon betroffen und wurde zum Rücktritt gezwungen. In den folgenden Monaten schien sich Italien ziemlich schnell von der Wirtschaftskrise zu erholen, aus der es weitaus gestärkter als andere europäische Staaten hervorging, wie z.B. Frankreich und Belgien, die der siegreichen Koalition angehörten. Durch einen Überschuß an Produktionskapazität und durch die Instabilität der Wechselkurse – beides Fragen, deren Lösung nicht auf der Tagesordnung stand – blieben allerdings die internationalen Bedingungen schwierig. So hatte sich in Unternehmerkreisen bereits die Idee durchgesetzt, daß für eine dauerhafte Expansion die absolute Kontrolle der Arbeitskräfte, völlige Freiheit bei Einstellungen und Entlassungen, eine ebenso freie Lohnfestsetzung und darüber hinaus steuererleichternde, investitionsfördernde Maßnahmen nötig wären. Zu den ersten Handlungen der Regierung Mussolini gehörte nicht zufällig die Abschaffung der Namenspapiere und die Senkung der direkten Steuern. Während die Beschäftigung und die Löhne real wie monetär in den Jahren 1921–1925 stagnierten, verzehnfachten sich die Investionen in knapp drei Jahren: 1922 1,82 Milliarden Lire, 1925 11,3 Milliarden (in damaliger Währung).

Das »Rote Biennium«

Wie für die anderen am Krieg beteiligten Länder brachte das Jahr 1917 auch in Italien ein Wiederaufflammen der sozialen Konflikte. Neben den insgesamt 443 Streiks, an denen 168000 Arbeiter teilnahmen, vervielfachten sich die Proteste gegen die Teuerung. Sie wurden oft von den Frauen initiiert, die direkt davon betroffen und nicht von der Einziehung zum Militär bedroht waren. Denn damit drohte die Obrigkeit den freigestellten männlichen Arbeitskräften, die für die Kriegsproduktion unerläßlich waren. Der wichtigste Vorfall ereignete sich Ende August in Turin, als eine Volksmobilisierung gegen Teuerung und Hamsterkäufe zu einer regelrechten Erhebung wurde, die nur mit Waffengewalt niedergeschlagen werden konnte.

Das Ende des Krieges, 1918, fiel mit dem Beginn tumultartiger Sozialkämpfe zusammen, wie es sie im Vereinigten Italien noch nie gegeben hatte: die Streiks nahmen zu (1918 waren es 303, im Jahr darauf schon 1663 und im Jahr 1920 1881) und ebenso die Mitglieder der Gewerkschaftsorganisationen. 1914 hatten sie insgesamt rund eine halbe Million Mitglieder, von denen ungefähr die Hälfte der sozialistischen *Confederazione Generale del Lavoro* (CGdL) angehörten. 1920 sind die militanten Gewerkschaftler fast vier Millionen, mit mehr als zwei Millionen Mitgliedern in der CGdL. Die anderen gehörten der katholischen *Confederazione Italiana del Lavoro* (CIL),

Bewaffneter Streikposten auf dem Mailänder Bahnhof

Streikende Eisenbahner

der anarcho-syndikalistischen *Unione Sindacale Italiana* (USI) und weiteren kleineren Organisationen an. Nicht nur das Stadtproletariat mobilisierte sich, sondern auch das breite Spektrum der Landarbeiter: Tagelöhner, Pächter, arme Bauern. Bei den letztgenannten waren es oft die Ortsgruppen der neugegründeten *Associazione Nazionale dei Combattenti*, die die Kriegsheimkehrer organisierten und sich dabei auf die Positionen des »demokratischen Interventionismus« beriefen.

Die Arbeiter gingen mit einem ziemlich langen Katalog von Forderungen in den Kampf: Zum einen materielle Ziele wie Lohnerhöhungen und Arbeitszeitverkürzungen für die Lohnabhängigen in Industrie und Landwirtschaft; eine günstigere Aufteilung der Ernte für die Pächter und die Aufteilung des Großgrundbesitzes unter den mittellosen Bauern in Süditalien. Außerdem gab es Forderungen, deren Erfüllung die Machtverhältnisse zwischen den Klassen verändert hätte: nationale Verhandlungen und Betriebsräte für die Industriearbeiter; eine von den Gewerkschaften geführte Arbeitsvermittlung und die festgesetzte Einstellungsquote der Arbeitskräfte für die Landpächter; die Abschaffung des Dienstcharakters der Agrarverträge für die Pächter, die in Übereinkommen zwischen juristisch gleichgestellten Partnern umgewandelt werden sollten; die Übereignung unbebauten Landes an Kooperativen, die von Kleinbauern im Süden gebildet werden sollten. Die allgemeine Tendenz, sich zu organisieren, hatte zudem

Eine Gruppe der »Roten Garden«

einen besonderen Stellenwert: Es wurden soziale Schichten miteinbezogen, die wie die Pächter und die armen Bauern bis dahin ziemlich unorganisiert waren. Zudem wurden Gruppen mit einer langen Vereinigungstradition, wie die Industriearbeiter, dazu angeregt, sich neue Formen der Selbstverwaltung zu geben. Die Landarbeiter gründeten starke Ligen, die allgemein »weiße« oder »rote« genannt wurden, je nachdem, ob sie sich auf die katholische oder sozialistische Bewegung stützten. Die Industriearbeiter errichteten das Netz der Betriebsräte mit dem Epizentrum in Turin.

Diese Mischung aus materiellen Forderungen, Machtansprüchen und Selbstorganisationsprozessen war für die Unternehmer untragbar, die im Frühjahr 1920 beschlossen, zum Angriff überzugehen und die Forderungen nach einer Erneuerung des Arbeitsvertrags, die von der *Federazione Italiana Operai Metalmeccanici* (FIOM) des metallverarbeitenden Sektors vorgebracht wurden, entschieden zurückzuweisen. Innerhalb weniger Wochen überstürzten sich die Ereignisse. Über 500 000 Arbeiter besetzten ihre Fabriken, organisierten selbständig die Produktion und bauten einen eigenen Selbstvertei-

Bewaffnete Arbeiter bei Lancia in Turin

digungsapparat auf, der, mit einem ausdrücklichen Verweis auf die Oktoberrevolution, »rote Garden« genannt wurde.

Eine einheitliche politische Lösung des Konflikts konnte nur durch einen Kampf oder einen Kompromiß gefunden werden. Der zweite Weg wird gewählt. Sein Befürworter ist wieder einmal der Mittelsmann Giovanni Giolitti, der zum letzten Mal Regierungschef ist. Er weigert sich, die Fabriken von der Armee räumen zu lassen, wie es die Unternehmer fordern, und verpflichtet sich, ein Gesetz vorzuschlagen, das ein Mitspracherecht der Arbeiter zuläßt. Er erreicht das Ende der Besetzungen und die Unterzeichnung neuer Arbeitsverträge. Das ist weniger als das, was die starken radikalen Bewegungen innerhalb der Arbeiterbewegung erhofft hatten, aber mehr als das, was dem mächtigen Verband der metallverarbeitenden Industrie akzeptabel scheint. Von diesem Augenblick an geht die Mobilisierung der Arbeiter zurück, während sich die Arbeitgeberfront verstärkt und zentral organisiert: Es entstehen die allgemeinen Verbände der Industrie und der Landwirtschaft.

Dieser Zeitabschnitt zwischen dem Ende des Ersten Weltkrieges und den Fabrikbesetzungen ging mit dem Namen

»Rotes Biennium« in die Geschichte ein. Das, was damals in Italien geschah, war aber nur der lokale Ausdruck eines Kampfes europäischer Tragweite, der in Staaten wie Deutschland, Österreich und Ungarn weitaus radikalere Züge annahm: Arbeiter- und Soldatenräte wurden errichtet, es kam zu zahlreichen bewaffneten Aufständen und sogar zur Ausrufung von Sowjetrepubliken.

Die liberale Tradition und ihre historischen Grenzen

Der neue Staat, der 1861 entstanden war, war eine konstitutionelle Monarchie, zumindest streng nach dem Albertinischen Statut der bis 1946 gültigen italienischen Verfassung. Geht man jedoch von der in den Jahren nach 1848 allgemein verbreiteten politischen Praxis aus, muß man von einer parlamentarischen Monarchie sprechen, in der die Regierungen, wenn sie die Mehrheit verlieren, zurücktreten. Die führende Schicht, die in den Jahren der Vereinigung in der Kammer, im Senat und in der Regierung saß, war trotz ihrer politischen Differenzen durch ihre soziale Herkunft stark miteinander verbunden und vertrat nur einen geringen Teil der Bevölkerung.

In den folgenden Jahrzehnten wurden das aktive und passive Wahlrecht nach und nach erweitert. Aber das reichte nicht aus, um die Entfernung zwischen dem Staat und der bürgerlichen Gesellschaft zu überbrücken, die durch die territorialen Mißverhältnisse – am schwerwiegendsten war das Problem Süditaliens – noch verstärkt wurde. Auch als nach dem Aufstieg der »historischen Linken« im Jahr 1876 zur Macht die Vertreter der urbanen Mittelschicht, die zum großen Teil Berufspolitiker waren, im Parlament und in der Regierung zahlreicher wurden und sich der Einfluß der Aristokratie und der Grundbesitzer verringerte, handelte es sich noch keinesfalls um eine Regierung des Bürgertums, sondern um eine Regierung für das Bürgertum.

Trotz der Veränderungen in der Crispi- und später in der Giolitti-Ära verlor die regierungsbildende Schicht des liberalen Italiens niemals ihre Charakteristik der inneren Homogenität und Distanz von der Mehrheit des Landes. Der *trasfor-*

Giovanni Giolitti

mismo - die parlamentarischen Manöver und Regierungsumbildungen - war daher nicht ein Zeichen geringer moralischer Konsistenz, sondern vielmehr eine Regierungsform, die die Einigung über konkrete Fragen innerhalb einer führenden Klasse voranstellte, keine ideologischen Trennungen kannte und bestimmte Prinzipien, Werte und Lebensstile miteinander teilte.

Gegen Ende des 19. Jahrhunderts mußten sich die Liberalen mit zwei gegensätzlichen Oppositionen - den Sozialisten und den Katholiken - auseinandersetzen. Beide riefen Massenorganisationen ins Leben. Die Liberalen hingegen, die durch ein Wahlrecht, das die Nobilität prämierte, begünstigt waren, spürten niemals die Notwendigkeit, eine wirklich bürgerliche Partei zu gründen. Ihre politischen Führer tendierten vielmehr, wenn auch in verschiedener Weise, immer dazu, den Druck von unten auf bürokratischem Weg zu steuern, so daß die Verwaltungsaufgaben gegenüber den Regierungsaufgaben ein deutliches Übergewicht hatten. Auf diese Weise verlor das Parlament seine zentrale Stellung an die Bürokratie: Das ist der rote Faden, der den Autoritarismus Francesco Crispis, den Versuch des rechten Flügels der politischen Elite, in der Krise von 1898 die Exekutive mit einem regelrechten Staatsstreich zu stärken, mit der Liberalisierungspolitik Giovanni Giolittis verbindet. Auch die unbestreitbar offenen Ideen Giolittis wurden nicht in Gesetze umgesetzt, die die Beziehung zwischen dem Staat und seinen Bürgern verbessert hätten, sondern sie blieben lediglich Ausdruck seiner »aufgeklärten« Haltung. Zwar kann die konstitutionelle Struktur des italienischen Staates zwischen 1861 und 1925 rechtmäßig als »liberal« definiert werden, doch seine Institutionen und Funktionsmechanismen tragen einen stark autoritären Stempel.

Am 16. November 1919 verloren die politischen Kräfte, die ihre Legitimation aus dem *Risorgimento* bezogen, bei den ersten Nachkriegs-Wahlen mit Verhältniswahlsystem, Listenwahl und der Einführung des allgemeinen Wahlrechts für Männer die Mehrheit. Die verschiedenen liberalen Strömungen erhielten insgesamt 179 Abgeordnetensitze, die radikale Partei, Erbe der demokratisch-garibaldinischen Tradition, nur 38. Wer sich behauptete, waren die Sozialisten (PSI) mit 156 Sitzen und die katholische Volkspartei (PPI) mit 99 Sitzen. Die politische Ordnung, die sich 60 Jahre lang gehalten hatte, geriet in eine Herrschaftskrise. Es begann eine Phase großer Instabilität.

Die Sicht von außen: der ›starke Mann‹

So – als ›starken Mann‹ – bezeichnete der englische König George V. während eines Rombesuchs im Mai 1923 den Mann, der ihm Jahre später den Krieg erklären wird. Der Souverän verlieh seinem Gastgeber bei dieser Gelegenheit einen bedeutenden Orden und beglückwünschte ihn dafür, wie es ihm gelungen sei, Italien aus der Krise zu führen. Nach außen war das nicht viel mehr als eine diplomatische Formalität. Die von König George ausgesprochenen Worte stimmten jedoch mit der Meinung eines großen Teils der Politiker und Journalisten seines Landes überein, und nicht viel anders sang man in Frankreich und in den Vereinigten Staaten das Loblied Mussolinis.

Dies mag sonderbar erscheinen, bedenkt man die ausdrücklich anti-englischen Untertöne, die in den Monaten vor dem Marsch auf Rom viele der öffentlichen Reden Mussolinis charakterisierten, seine aggressive nationalistische Haltung gegenüber den slawischen Staaten, insbesondere gegenüber dem

Frisch eingekleidet und in Feldherrenpose: Mussolini

mit Frankreich eng verbündeten Jugoslawien, und schließlich die antiplutokratische Rhetorik, von der der Führer des Faschismus auf Schritt und Tritt Gebrauch machte. Dennoch waren die positiven Stellungnahmen der westlichen Mächte zur politischen Wende am 28. Oktober 1922 nicht aus der Luft gegriffen.

Die Regierungen in London, Paris und Washington wußten genau, daß die Außenpolitik Mussolinis kein klares, festgesetztes materielles Ziel verfolgte, sondern vor allem eine internationale Legitimation für die faschistische Bewegung und ihren Führer suchte. Mussolini wollte Italien, das jetzt eine wichtige Position auf der europäischen Landkarte einnahm, die Mittelmacht spielen lassen. Das war aber nur möglich, wenn er die Unterstützung Frankreichs und auch die Großbritanniens hatte.

Den Vereinigten Staaten machte Mussolini große Angebote der Freundschaft und legalen Zusammenarbeit und suchte ausdrücklich ihre Unterstützung auf politischem und wirtschaftlichem Gebiet. Die Frage der Bezahlung der amerikanischen Kredite, die Italien während des Krieges erhalten hatte, war allerdings noch offen. Dennoch vermied es Mussolini, gegen die Beschränkungen zu polemisieren, die die USA den italienischen Einwanderern auferlegten. Vielmehr sorgte er dafür, daß die Errichtung eines Netzes »italienischer Fasci im Ausland« in Amerika nicht weiter betrieben wurde, und verfügte die Auflösung der Verbände, die sich bis dahin gebildet hatten.

Nachdem die führenden Gruppen der drei Mächte sich davon überzeugt hatten, daß die faschistische Regierung das durch die Friedensverträge hergestellte internationale Gleichgewicht nicht ins Wanken bringen würde, begegneten sie der neuen Machtordnung südlich der Alpen mit einem mit Herablassung vermischten Wohlwollen. Für die Italiener sei ein gutes Ordnungssystem genau das, was sie bräuchten, so der Kommentar etlicher angelsächsischer Politiker, nicht zuletzt Winston Churchills. Daß der »Cavalier« Benito Mussolini dank einer Art Staatsstreich Ministerpräsident geworden war, war in ihren Augen weniger wichtig als die Tatsache, daß damit das, was sie so sehr in Aufruhr versetzt hatte, nämlich das »Gespenst des Bolschewismus«, aus dem Herzen des Mittelmeergebiets vertrieben worden war.

1919/20: Die *Fasci di Combattimento*

Am 23. März 1919 gründete Benito Mussolini in einem Salon an der Piazza Santo Sepolcro Nummer 9 in Mailand die Fasci, deren unangefochtener Führer er wurde.

Mussolini hatte einen ziemlich bewegten politischen Lebenslauf: er war Sozialist, Journalist und Organisator in der PSI; am Ende des Jahres 1912 wurde er Chefredakteur des sozialistischen *Avanti!* Beim Ausbruch des Ersten Weltkrieges war er noch neutral, befürwortete aber im Oktober 1914 den Kriegseintritt Italiens: wenig später, nachdem er als Chefredakteur des *Avanti!* zurückgetreten war, gründete er die Zeitung *Il popolo d'Italia*, die für das Eingreifen auf der Seite der Entente war. Nachdem er im Sommer 1915 eingezogen und Anfang 1917 leicht verletzt wurde, kehrte er im Sommer zu seiner Zeitung zurück. Nach dem Ende des Krieges begann der künftige Duce nach einem politischen Betätigungsfeld für sich zu suchen.

Keine Massenbewegung kann erklärt werden, indem man nur die Psychologie ihrer Führer analysiert, auch der Faschismus nicht. Trotzdem sind die Eigenschaften Mussolinis, die ihm halfen, die Rolle eines charismatischen Führers einzunehmen, von großer Bedeutung. Der Inhalt der Thesen, die er jeweils unterstützte, war ihm nicht so wichtig. Für ihn überwogen die taktischen Anforderungen zur Festigung und Ausbreitung seines politischen Raums, wobei er seine Argumente stets in apodiktischer, mystischer und emotionsbeladener Form präsentierte.

Knapp hundert Menschen hatten sich an diesem 23. März 1919 an der Piazza San Sepolcro versammelt. Am Ende der Versammlung unterzeichneten 54 von ihnen die vom Chefredakteur des *Il popolo d'Italia* erläuterten programmatischen Erklärungen. Das in seiner vollständigen Form niemals veröffentlichte Dokument ist ein seltsames Konglomerat verschiedenster Ziele: demokratisch-radikal (Republik, Wahlrecht für Männer und Frauen), populistisch-sozialistisch (das Land den Bauern, Gewinnbeteiligung der Arbeiter an den Fabriken, Kampf den Banken- und Börsenspekulationen), pazifistisch (generelle Entwaffnung, Verbot der Waffenfabrikation), nationalistisch (Annexion von Fiume und Dalmatien) und schließlich für den Freihandel (Einschränkung der staatlichen Funktionen auf den politischen und gesellschaftlichen Bereich). Im Mittelpunkt stehen die Berufung auf den Interventionismus und die anhaltende Polemik darüber, wer für und wer gegen den Krieg gewesen war und mit wem er sich verbündet hatte.

Die Fasci breiteten sich bald auch außerhalb Mailands aus, blieben jedoch noch größtenteils eine städtische Erscheinung. Obwohl es Übereinstimmungen zwischen dem an der Piazza San Sepolcro verabschiedeten Programm und den fast gleichzeitigen Manifesten gibt, die sowohl von der sozialistischen parlamentarischen Gruppe, als auch von den sozialreformerischen und den republikanischen Parteien vorgelegt wurden, richtete sich der erste öffentliche faschistische Auftritt gegen die organisierte Arbeiterbewegung. Am 15. April 1919 stieß in Mailand anläßlich eines Generalstreiks eine Marschkolonne von Anti-Streik-Demonstranten mit einem Arbeiteraufmarsch zusammen, wobei es auch Tote gab. Fast gleichzeitig überfiel eine zweite Kolonne den Sitz des *Avanti!* und setzte ihn in Brand. Gegen die Gewerkschaftler und Sozialisten demonstrierten ehemalige Militärs, Faschisten, Futuristen und nationalistische Studenten. Benito Mussolini selbst bekannte sich in einem Interview mit dem *Giornale d'Italia* zu dem Vorgefallenen und übernahm die Verantwortung. Die Leitlinie, die der Faschismus in den nächsten Monaten einschlagen würde, war somit vorgezeichnet.

Wer sind die Faschisten?

Am 9. Oktober 1919 hielten die Fasci in Florenz ihren ersten Kongreß ab. Die Bewegung umfaßte jetzt 17000 in 56 Kampfbünde aufgeteilte Kämpfer. Das waren nicht gerade wenig, aber die Zahl lag weit unter den unmittelbar bei ihrer Gründung ausgesprochenen Erwartungen. Der Mißerfolg der Wahlen vom 16. November, als es den Faschisten nur gelang, eine einzige Liste in Mailand aufzustellen, für die sie gerade 4795 Stimmen erhielten, brachte die Bewegung an den Rand der Auflösung. Doch es kam anders: beim zweiten Kongreß, Ende

Mai 1920, hatte sich die Anzahl der Kampfbünde bereits verdoppelt: insgesamt 120. In der brodelnden politischen Situation, in der das Land sich befand, schien der neuen Bewegung vorerst kein Erfolg beschieden. Mitte Oktober gab es nur 190 Fasci. Doch Ende des Jahres trat die Wende ein: mehr als 800, Ende Februar 1921 1000, zwischen April und Mai 1500, schließlich 2200 im November.

Ursprünglich vereinigen sich in den Fasci Männer vier verschiedener Tendenzen: ehemalige Gewerkschaftler, die sich 1914 auf die Seite der Kriegsbefürworter geschlagen und, nachdem sie die USI verlassen, die *Unione Italiana del Lavoro* (UIL) ins Leben gerufen hatten. Der bedeutendste unter ihnen ist Michele Bianchi, der später zum Quadrumvirat gehören wird, das Mussolini mit der Organisation des Marsches auf Rom beauftragt; eine Minderheit linksgerichteter Interventionisten, die mit Mussolini persönlich verbunden waren, unter ihnen Luigi Freddi – der künftige Direktor von Cinecittà – und Roberto Farinacci; dem Futurismus anhängende Künstler und Intellektuelle, angeführt von Filippo Tommaso Marinetti und Mario Carli; und schließlich ein harter Kern von ehemaligen Arditen, der italienischen Angriffstruppe aus dem Ersten Weltkrieg, die auf riskante militärische Unternehmungen spezialisiert war. Sie scharten sich um den Hauptmann der Sturmtruppen und Kriegshelden Ferruccio Vecchi.

Der Krieg hat seine Spuren hinterlassen: neben den Vertretern fast aller interventionistischen Richtungen findet sich ein beachtlicher Anteil von Kriegsheimkehrern in den Fasci. Es handelt sich jedoch nicht allgemein um ehemalige Frontkämpfer, wie man es in den folgenden Jahren in der Rhetorik des Regimes zu wiederholen liebt, sondern eher um Ex-Arditen, d.h. Männer, die in den Sturmtruppen gekämpft hatten, deren,

Die Futuristen (von links) Luigi Russolo, Carlo Carrà, Filippo Tommaso Marinetti, Umberto Boccioni und Gino Severini

wenn auch lebensgefährlicher, Krieg vom Alltag des einfachen Soldaten im Schützengraben weit entfernt war.

Die arditischen Heimkehrer gründeten schon im Januar 1919, wenige Wochen nach ihrer Demobilisierung, Verbände. Der erste wurde am 7. Januar von dem Futuristen Mario Carli gegründet, der zweite am 19. Januar von Ferruccio Vecchi in der Mailänder Wohnung von Filippo Tommaso Marinetti. Der Arditismus ist etwas ganz anderes als die nationalistische Bewegung der ehemaligen Frontkämpfer, die sich in den folgenden Monaten völlig selbständig in der *Associazione Nazionale Combattenti* (ANC) organisiert. Die ANC unterstützt, zumindest anfänglich und nicht ohne Widersprüche, ein vorherrschend demokratisch-radikal geprägtes Programm. Auf der Fahne des Arditismus stehen dagegen von Anfang an aggressive nationalistische und imperialistische Losungen.

Benito Mussolini, nach dem Kriegsende auf der Suche nach einem politischen Raum, hatte sofort das Potential erkannt, das sich in diesem Abenteurerheer verbarg. Daher beeilte er sich, den Untertitel seiner Zeitung zu ändern. Die »Sozialistische Zeitung« wurde in »Zeitung der Kämpfenden und Schaffenden« umbenannt. An sie wandte er sich am 10. November 1918 während der Siegesfeiern mit einer Rede.

Luigi Federzoni

Unter den auf der Piazza Santo Sepolcro Versammelten fehlten die Nationalisten. Sie verfügten über eigene politische Strukturen – die *Associazione Nazionalista* mit ihrem Presseorgan *L'Idea Nazionale* – und vertraten ein strenges antiliberales und gegen den Freihandel gerichtetes Programm, das auf die Errichtung eines hierarchischen Staates abzielte, in dem die Produktion geplant und die Arbeit militarisiert wird.

Gerade deswegen betrachtete die nationalistische Elite das wirre Manifest der Kampfbünde voller Zweifel. Jedoch veränderte sich die Haltung bestimmter Leute wie Luigi Federzoni, Alfredo Rocco und Francesco Coppola – die bedeutendsten Vertreter der Nationalistischen Vereinigung –, als der Faschismus seine Fähigkeit bewies, die Massen zu durchdringen, was ihnen selbst nie gelungen war. Das ergab die Voraussetzung für den Zusammenschluß der Faschisten und Nationalisten im März 1923.

Die Krise in Fiume

Als die Siegermächte sich anschickten, mit den Besiegten den Frieden zu verhandeln, war vieles seit 1914 anders geworden. Diese Veränderungen waren für Italien von besonderer Bedeutung. Österreich-Ungarn war untergegangen und an seiner Stelle wurden neue Staaten errichtet: darunter das Königreich der Serben, der Kroaten und der Slowenen, oder wie es generell genannt wurde: Jugoslawien.

Der Londoner Pakt vom 26. April 1915, in dem die Vertreter der italienischen Regierung sich ohne Zustimmung des Parlaments verpflichtet hatten, an der Seite der Entente (Frankreich, Großbritannien, Rußland) gegen Österreich-Ungarn und Deutschland in den Krieg einzugreifen, sah vor, daß bei Kriegsende Trentino und Südtirol, Julisch Venetien, Istrien (ohne Fiume), der nördliche Teil Dalmatiens und fast alle der Küste vorgelagerten Inseln zu Italien kommen würden. In der folgenden Propaganda der Interventionisten hatte deswegen die Frage der Annektierung ein großes Gewicht, wenn auch bei unterschiedlichen Standpunkten: Ziel der demokratischen Interventionisten, die sich auf das Risorgimento beriefen, war es, den nationalen Vereinigungsprozeß voranzutreiben und allenfalls nur den »historischen Feind«, das Habsburgerreich, zu schwächen. Den Nationalisten und Liberalkonservativen hingegen ging es einzig und allein darum, neue Gebiete zu erobern.

Das Dilemma, in dem sich die italienische Regierung und die öffentliche Meinung befanden, war: hält man an den in London festgesetzten Forderungen fest oder verändert man sie so, daß sie der neuen Situation Rechnung tragen? Im ersten Fall wären die Beziehungen mit dem neuen Jugoslawien von Anfang an gefährdet gewesen, da in den geforderten Gebieten 700 000 Slawen lebten. Die Vereinigten Staaten hatten nicht die Absicht, von dem von Präsident Wilson verkündeten Plan abzusehen, Europa auf der Basis des Nationalitätenprinzips neu zu ordnen. Frankreich, das bereits vor 1914 mit Serbien eng verbunden war, wollte sich nicht mit Belgrad überwerfen, auch weil es versuchte, im Balkan die Rolle einer Hegemonialmacht einzunehmen, die sich gegen Deutschland richtete. Schließlich gab es auch keinen Grund, der Großbritannien hätte veranlassen können, eine andere Position einzunehmen. Im Namen des nationalen »heiligen Egoismus« und der »Rechte«, die der italienischen Nation durch den Sieg zustanden, und der für jedes Volk »vitalen« Notwendigkeit, wollte sich Italien über seine historischen Grenzen hinaus ausbreiten.

Was die Angelegenheit noch komplizierte, war Fiume, wo sich eine starke Bewegung gebildet hatte, die sich auf das

Selbstbestimmungsrecht berief und gegen die Abmachungen des Londoner Pakts die Vereinigung mit Italien forderte. Während in Paris – zwischen Mißverständnissen, Starrsinnigkeiten, Brüchen und Versöhnungen – die Verhandlungen der Mächte der Entente mühsam vorankamen, mobilisierten sich in Italien in der Presse und auf den Straßen die nationalimperialistischen Bewegungen. Ziel war die Annexion Gesamtdalmatiens, einschließlich Fiume. An erster Stelle stand, wie immer, die Nationalistische Vereinigung, mit den neugegründeten Fasci an ihrer Seite. Die Führung der Bewegung lag jedoch in den Händen Gabriele D'Annunzios. Er trieb seinen Spott mit dem Konzept des »gerechten Friedens« und vermischte in seinen Reden Sätze beflügelter Poesie und unangemessene, an die Frau von Woodrow Wilson gerichtete Vorwürfe.

Anfang September 1919 zeichnete sich auf diplomatischer Ebene eine Kompromißlösung ab, begünstigt durch den Führungswechsel in der Regierung, wo Vittorio Emanuele Orlando durch Francesco Saveri Nitti ersetzt wurde. Am 12. September meuterten militärische Abteilungen in Julisch Venetien mit der mehr oder weniger stillschweigenden Übereinkunft und Unterstützung der für sie verantwortlichen höheren Offiziere und besetzten Fiume. D'Annunzio übernahm die Macht in der Stadt. In den folgenden Tagen unterstellten sich weitere militärische Abteilungen und Einheiten der Marine und der Luftwaffe dem Befehl des »Kommandanten«. Ihnen schlossen sich Konservative, Nationalisten, ehemalige Kämpfer und ehemalige revolutionäre Syndikalisten an, die seinerzeit für den Interventionismus gestimmt hatten. Wie bereits vor vier Jahren präsentierten sich die Vertreter der Ordnung auf der politischen Szene als Umstürzler. In Fiume verbreitete sich unter den Männern D'Annunzios – den »Legionären« wie sie sich selbst nannten – die Idee, »nach Rom zu marschieren«, um Italien ihre Herrschaft aufzuzwingen. Es war nur eine Wunschvorstellung …

Die Stellung der Fasci und ihres obersten Führers Mussolini war nicht einfach: unmöglich, das Unternehmen in Fiume nicht mit allen Kräften zu unterstützen, liefen sie gerade dadurch Gefahr, allzusehr die Führung des Dichterfürsten aus Pescara zu rechtfertigen und sich mit der Rolle seiner Hilfskräfte zu begnügen.

Mussolini und D'Annunzio im Garten des »Vittoriale« am Gardasee

Es verging fast ein Jahr. Im November 1920 kamen Italiener und Jugoslawen schließlich zu einer Einigung: Dalmatien wurde Jugoslawien zugesprochen, mit Ausnahme von Zara, das zusammen mit fast ganz Istrien unter italienische Herrschaft gelangte. Fiume wurde ein unabhängiger Stadtstaat. Nach wenigen Tagen wurden auf Befehl der italienischen Regierung von einem Kampfschiff aus auf den Palast in Fiume, wo D'Annunzio seinen Wohnsitz bezogen hatte, Kanonenschüsse abgegeben. Sie setzten innerhalb weniger Wochen der Republik des Dichterfürsten ein Ende. Begleitet von der hochtönenden Solidarität Mussolinis und der Seinen verließ D'Annunzio Fiume. Für die Abenteurer, die ihm dorthin gefolgt waren, stellte sich nun das Problem, einen politischen Standort zu finden, über die Ergebenheit hinaus, die sie an ihren charismatischen Führer band. Viele von ihnen hielten die Struktur der Fasci dafür geeignet.

Gestärkt durch die Unterstützung der ehemaligen Fiume-Legionäre organisierten sich die Fasci in den grenznahen Gebieten in Aktionstruppen und wurden gegen die slawischen Minderheiten und die sozialistische Bewegung – wegen ihres »antinationalistischen« Geistes – gewalttätig. Das war die Geburtsstunde des Squadrismus.

Von einem gesamtpolitischen Standpunkt aus erwies sich jedoch die Expedition D'Annunzios als Niederlage. Ihr mißglückter Ausgang stärkte die liberale Linke – die Anhänger Nittis und Giolittis –, die, wenn auch mit einer unsicheren parlamentarischen Mehrheit, die Regierungsgewalt hatte. Manches jedoch blieb vom Abenteuer des Dichterfürsten: eine Sammlung von neuen politischen Metaphern (der »verstümmelte Sieg« ist eine der bekanntesten) und ein politischer Stil, charakterisiert durch den Dialog zwischen einem charismatischen Führer und der Masse. Die Masse ist nicht mit rationalen Argumenten zu überzeugen, sondern in ihrem Glauben, einen außergewöhnlichen Augenblick zu erleben, zu bestärken und in Begeisterung zu halten. Schließlich zeigte sich, daß in den vorangegangenen Monaten in den zivilen und militärischen Spitzen des Staatsapparats eine Mißstimmung entstanden war, die auch vor dem Umsturz der parlamentarischen Institutionen nicht Halt machen würde. Die Fasci schlugen aus dem Erbe von Fiume Kapital, da es ihnen den Weg zur Macht ebnen sollte. Von der Macht selbst sind sie freilich noch weit entfernt.

Faschisten, Sozialisten, Liberale und Katholiken

Wie wir gesehen haben, gingen die liberalen Kräfte aus den Wahlen vom 16. November 1919 ziemlich geschwächt hervor. Sieger waren die Sozialisten und die wenige Monate zuvor gegründete katholische Volkspartei. Die Wahlergebnisse machten eine Koalition notwendig. Auf dem Papier hätte es mehrere Möglichkeiten gegeben, aber jeder dieser Versuche mußte vor allem dem Gegensatz zwischen Neutralisten und Interventionisten Rechnung tragen, was deutlich machte, wie tief der politische Bruch von 1914/15 war. Dazu kam, daß der liberale Einheitsstaat in enger Symbiose mit der liberalen politischen Schicht stand, die ihn sechzig Jahre lang regiert hatte. Die Krise der Liberalen bedeutete eine Auflösung der Kontinuität im inneren Gleichgewicht, was weit über das Problem der Herstellung einer zahlenmäßig stabilen parlamentarischen Mehrheit hinausging.

Der Zusammenbruch der liberalen Mitte war für sich eine revolutionäre Tatsache, die eine ebenso drastische Neuordnung der Institutionen erfordert hätte, wie es in Deutschland durch den Übergang des Hohenzollernreiches zur Weimarer Republik gerade geschah. Daß es sich um ein wirklich aktuelles Problem handelte, zeigen die von 1918 an aufeinanderfolgenden Verfassungsvorschläge, die von unterschiedlichen Kräften vorgebracht wurden: Radikale, ehemalige Frontkämpfer, die Sozialreformer von Bissolati, Republikaner, Gewerkschaftler der sozialistischen *Confederazione Generale del Lavoro*, (CGdL) und der nationalsyndikalistischen *Unione Italiana Lavoratori* (UIL).

Eine Wende hätte nur ein Bündnis zwischen der PSI und den liberalen Linken herbeiführen können; damit wäre es vielleicht gelungen, über die parlamentarische Arithmetik und die reine Verwaltung des bereits Bestehenden hinauszukommen. Für eine derartige Aufgabe war jedoch keine der beiden Parteien gerüstet: Auch die Sozialisten nicht, die zwischen dem Mythos der bolschewistischen Revolution (die Maximalisten) und der Überzeugung, von außen die bürgerlichen Regierungen beeinflussen zu können, gespalten waren. Noch weniger gerüstet war die liberale Linke, die noch nicht begriffen hatte, daß die Massenparteien eine langanhaltende Erscheinung sind. Sie glaubte, die zentrale Rolle wiedergewinnen zu können, die sie lange Zeit innegehabt hatte.

So folgten von Dezember 1919 bis Juni 1920 zwei von Francesco Saverino Nitti geführte Regierungen. Dann war wieder Giovanni Giolitti an der Reihe, der bis zum ersten April 1921, als er das Parlament auflöste und neue Wahlen ankündigte, Ministerpräsident blieb.

Die politische Formel, die die drei Regierungen aufrecht erhielt, war mehr oder weniger dieselbe: eine schwache Koalition zwischen den Liberalen verschiedener Strömungen, den Radikalen und der katholischen Volkspartei. In der Opposition die praktisch lahmgelegten Sozialisten, das Zusammenwirken zwischen ihren verschiedenen Strömungen wurde zusehends mühsamer: Zwischen dem Frühjahr 1921 und dem Herbst 1922 spaltete sich die Partei in drei Gruppen auf: die Kommunisten (PCd'I), die Maximalisten, die die Abkürzung PSI beibehielten, und die Reformer (PSU).

1920/1921: Agrarfaschismus und Squadrismus

In den Jahren 1919 und 1920 fanden in Gebieten in der Poebene, der Toskana, in Umbrien und in Apulien, die vorwiegend von Landarbeitern und Pächtern bewohnt waren, heftige Auseinandersetzungen statt.

Die in Ligen organisierten Landarbeiter und Pächter, die sich in den genannten Gebieten zum großen Teil auf den Sozialismus beriefen, konnten große Erfolge erzielen. Eine besondere Rolle dabei spielte die schon erwähnte Einstellungsquote der Arbeitskräfte sowie die gewerkschaftliche Arbeitsvermittlung. Auf diese Weise verloren die Besitzer und Pächter die Kontrolle über den Arbeitsmarkt. Die Grundbesitzverwalter waren gehalten, eine bestimmte Anzahl von Landarbeitern anzustellen, die anteilsmäßig der Größe des Bodens entsprach und von den Ligen vermittelt wurde.

Die Auseinandersetzung, die immer härtere Züge annahm, schlug sich in einem sozialistischen Erfolg bei den Kommunal-

Besetzung von Gütern durch Landarbeiter in Sizilien

wahlen zwischen Oktober und November 1920 nieder: Die PSI eroberte in 24,3% der Gemeinderäte die Mehrheit (2022 von insgesamt 8346) und der Erfolg war vor allem dort von Bedeutung, wo die Agrarkämpfe besonders intensiv waren. In der Provinz Rovigo waren alle 63 Gemeinden in der Hand der Sozialisten, in der Provinz Mantua 59 von 68, Bologna 54 von 61, Ferrara 15 von 21, Reggio Emilia 38 von 45, Siena 29 von 36, und so fort. Die Grundbesitzer waren äußerst beunruhigt. Die Arbeiterbewegung war gestärkt, organisierte und kontrollierte die lokale Macht. In dieses Szenarium drangen mit unaufhaltsamer Gewalt die faschistischen Schlägertrupps, die *squadre*, ein.

Zerstören und vereinnahmen: Die Schlägertrupps auf dem Land

Il Popolo d'Italia und die Bewegung der Fasci wurden Orientierungspunkte für eine Agrarfront, die gegen die Sozialisten einen Rachefeldzug führen wollte.

In den Städten der Poebene verbanden sich junge Nationalisten, ehemalige Arditen, Studenten, die Söhne des Agrarbürgertums und reine Abenteurer unter der Leitung lokaler Führer, die oft ehemalige Interventionisten und Kriegsheimkehrer waren. Sie gründeten neue Fasci, lancierten hochtrabende Appelle, in denen die nationale Revolution und die Liebe zum Vaterland gepriesen und zum Sturm auf die Landarbeiterligen, die Ortsgruppen der PSI und die »roten« Kommunalverwaltungen aufgerufen wurde. Ihre Anführer, denen man den aus dem äthiopischen Feudalismus entnommenen Namen *Ras* gab, waren Persönlichkeiten, die die Geschichte des Faschismus mitbestimmen sollten, wie Italo Balbo, Leandro Arpinati, Dino Grandi und Roberto Farinacci. Einige von ihnen waren schon an der Piazza San Sepolcro dabei (und schmückten sich mit dem Ehrennamen *Sansepolcristi*), andere schlossen sich erst jetzt der Bewegung an. Es handelte sich um eine radikale und extremistische zweite Welle, die jedoch sehr schnell mit dem ursprünglichen Kern verschmolz.

Für den Erfolg der Aktionen der *Ras* waren drei Elemente entscheidend: Die militärische Taktik, die sie gegen das soziali-

Roberto Farinacci

stische Organisationsnetz anwandten, die zunächst passive, aber immer wohlwollendere Unterstützung durch das Agrarbürgertum und die neutrale, an Komplizenschaft grenzende Haltung der Staatsorgane, insbesondere der Institutionen, denen die Sorge für die öffentliche Ordnung anvertraut war.

Es lohnt, sich mit dem ersten Aspekt zu beschäftigen: Die Zelle der Landarbeiterbewegung ist die Territorialliga. Die Struktur der Arbeiter- und Sozialistenbewegung auf dem Land ahmt die staatliche Verwaltungsstruktur nach, ist weit verzweigt, aber ziemlich starr. Die Faschisten, die sie angreifen, bedienen sich einer äußerst mobilen Taktik, wodurch es ihnen gelingt, Unordnung in sie zu bringen. Eine Taktik, die sich an den Arditismus anlehnt und die von den futuristischen Malern in ihren Darstellungen des »Angriffes« vorweggenommen wurde. Mehrere Trupps vereinen sich, bilden eine Kolonne und überfallen ein Dorf, wobei sie ihre momentane zahlenmäßige Überlegenheit ausnutzen. Sie stürmen, plündern und zerstören die Sitze der Ligen und sozialistischen Ortsgruppen. Sie entführen ihre Führungskräfte, erniedrigen sie, prügeln sie und töten sie – wenn sie sich nicht beugen. Dann verschwinden sie wieder, bereit, sich am nächsten Tag an einem anderen Ort zu zeigen. Die Tatsache, daß die Trupps Erfolge haben und auf fast keinen Widerstand stoßen, bildet einen großen Anreiz für sie, sich weiter auszubreiten und zu verstärken. Der Zustrom unter ihre Wimpel wird immer größer.

Um sich mit einiger Hoffnung auf Erfolg zu widersetzen, hätte die Arbeiterbewegung, die schon durch ihre Organisationsstruktur im Nachteil war, auf die militärische Auseinandersetzung zurückgreifen und den Bürgerkrieg riskieren müssen.

Ein Propagandawagen der Squadristen

So weit kam es jedoch nur in wenigen, isolierten Situationen. Der Versuch, eine Selbstverteidigungsorganisation ins Leben zu rufen, die *Arditi del popolo*, fand bei den Führungsgruppen keine Unterstützung; sie sahen im Agrarfaschismus eine reaktionäre Welle von kurzer Dauer. Auf diese Weise entging ihnen der komplexe Sinn der politischen Praxis der Fasci, die sich durchaus nicht nur als reine Angriffstruppe im Dienst des Agrarbürgertums verstanden. Ihr Ziel war es, die gesamte Gesellschaft nach »patriotischen« und »nationalen« Prinzipien neu zu organisieren.

Die politische Kultur der lokalen *Ras* verband die Ideen des Korporationismus mit einem aggressiven Antisozialismus. So beschränkten sich die Trupps, die sie anführten, nicht nur darauf, zu zerstören, sondern sie wollten die Gegner auch vereinnahmen. Nachdem sie die Ligen gestürmt und ihre Mitglieder und Anführer terrorisiert hatten, versuchten sie, diese zu überzeugen, auf ihre Seite überzuwechseln und das sozialistische Banner für den faschistischen Wimpel aufzugeben. Bei diesem Übergang ins gegnerische Lager war die Gewalt entscheidend, der sich die Landarbeiter und Pächter nicht wirkungsvoll widersetzen konnten. Auch darf man in einer Situation großer Unsicherheit die Verlockung nicht unterbewerten, die von dem Programm der Fasci ausging, die das »Land denen, die arbeiten« versprachen und somit dem sozialistischen Kollektivismus den Traum vom kleinen Besitz entgegensetzten.

Ein weiteres Angriffsziel neben den Ligen und Ortsgruppen der Parteien waren die Gemeindeverwaltungen mit sozialistischer Mehrheit. Sie wurden gestürmt, an ihrer Arbeit gehindert und zum Rücktritt gezwungen. Der Präfekt schickte einen Kommissär und die Sache war erledigt.

Karikatur: »Das energische Verhalten der Regierung gegenüber dem Faschismus«

Von den Provinzen der Poebene breitete sich der Squadrismus nach Norden in Richtung Veneto und nach Osten in Richtung Westlombardei und Piemont aus; ebenso in die Toskana und nach Umbrien, bis er schließlich die apulische Tiefebene erreichte. Die Euphorie des konservativen Umsturzes erfaßte einen großen Teil der Mittelschicht. Hier bot sich ihr eine ausgezeichnete Gelegenheit, ihr existenzielles Unbehagen, ihre antikapitalistische Einstellung, die Angst vor dem sozialen Abstieg, die tiefsitzende Ordnungssucht und die Feindseligkeit gegenüber den organisierten Arbeitern auszuleben. So gelang es dem Faschismus, eine trotz ihrer Geringfügigkeit nicht zu unterschätzende Basis in der Stadtbevölkerung zu gewinnen.

Die Regierung in Rom unter der Führung Giovanni Giolittis hatte es sorgfältig vermieden, Maßnahmen zu ergreifen, um die offene Illegalität und die systematische Gewaltanwendung der Fasci zu unterbinden. Heißt das nun, daß von Giolitti bis zum Polizisten alle Faschisten geworden waren? Sicherlich nicht. Es war nur eine weitverbreitete Meinung, daß es an der Zeit sei, »wieder ein wenig Ordnung zu schaffen«.

1922: Die Stunde des Faschismus

Am 7. April 1921 löste König Vittorio Emanuele III. die Kammer auf und setzte für den 15. Mai Neuwahlen fest. Das königliche Dekret wurde von Giolitti veranlaßt, der sich in den 15 Jahren vor Kriegsbeginn bereits mehrmals der Taktik vorgezogener Wahlen bedient hatte, um seine Mehrheiten zu stärken. Diesmal sollten die Sozialisten geschwächt und die innere Krise ausgenützt werden. Außerdem wollte Giolitti die schwierige Lage nützen, in die die squadristische Offensive die sozialistische Partei Turatis gebracht hatte, und zugleich die faschistische Bewegung »konstitutionalisieren«. Deswegen wurden die Faschisten in die Listen der »nationalen Blöcke« aufgenommen, in denen sich die unterschiedlichsten liberalen Strömungen, die Radikalen, die Sozialreformer und weitere rechtsstehende Kräfte, einschließlich der Nationalisten, zusammenfanden.

Das Parlament, das aus den Wahlen hervorging, entsprach jedoch nicht den Hoffnungen des piemontesischen Politikers Giolitti. Die »nationalen Blöcke« bekamen zwar eine schwache Mehrheit (275 von 535 Sitzen), aber sie waren untereinander derart zersplittert, daß sie keine Basis für eine Regierung boten. Die Sozialisten, deren Organisationsstruktur von den Aktionen der faschistischen Stoßtrupps zerstört worden war, mußten zwar Verluste hinnehmen, aber sie behaupteten sich mit 122 Abgeordneten als stärkste Gruppe im Parlament. Die neugegründete kommunistische Partei PCd'I erhielt 16 Sitze; die katholische Volkspartei von Don Sturzo und Alcide De Gasperi nahm zu und kam auf 108 Vertreter. Das größte Novum in der neuen Kammer war aber eine nicht mehr zu übergehende Präsenz von Abgeordneten, die man als »um-

Parteiabzeichen der PNF

stürzlerische Rechte« definieren könnte: 45 Abgeordnete, davon zehn Nationalisten, der Rest Faschisten, die innerhalb der »nationalen Blöcke« gewählt worden waren.

Nachdem sein Plan gescheitert war, verzichtete Giolitti auf die Neubildung der Regierung. Ihm folgte der Sozialreformer Ivanoe Bonomi, der ein Koalitionskabinett aus Männern verschiedener liberaler Richtungen (von links bis rechts) und der Volkspartei bildete. Das neue Kabinett war, wie sich zeigen sollte, nicht weniger zerbrechlich als das vorhergehende.

Partei-Miliz und charismatischer Führer

Der Sommer und der Herbst 1921 waren für die Bewegung der Piazza San Sepolcro entscheidend. Nach außen hin war der Faschismus ein Januskopf geworden. Als parlamentarische Kraft war er legitimiert und auch zahlenmäßig nicht mehr übersehbar. Doch zugleich war er auch ein Zusammenschluß bewaffneter Banden, die mit der Zustimmung – oder der zumindest wohlwollenden Neutralität – untergeordneter Staatsorgane in der Lage waren, weite Bereiche der Gesellschaft zu beherrschen. Diese beiden Gesichter waren schwer miteinander vereinbar und auch Anlaß ständiger Reibungen, doch konnte Mussolini auf keins von beiden verzichten: Alles auf die parlamentarische Präsenz zu setzen, hätte bedeutet, sich in eine parlamentarische Kraft mit Ergänzungs- und Hilfsfunktion zu verwandeln und damit das Organisationsnetz, dort, wo es am lebendigsten war, zu opfern. Dem Umsturz die Priorität zu geben und sich gegen den Staat zu stellen, hätte bedeutet, auf die Unterstützung der institutionellen und gesellschaftlichen Machtgruppen zu verzichten, die mit dem Faschismus sympathisierten und ihm die nötige politische und finanzielle Unterstützung garantierten. Nicht nur das, eine offensichtlich umstürzlerische Absicht hätte den Fasci jede Möglichkeit versperrt, neuerlich Anklang bei den herrschenden Schichten, vor allem dem Industriebürgertum, zu finden, die bis dahin Mussolini und den Seinen gegenüber noch eine abwartende Haltung eingenommen hatten. Beachtliche Gruppen des Bürgertums und der Bürokratie hatten nämlich ein tiefes Unbehagen

Besetzung eines Gewerkschaftshauses durch einen squadristischen Schlägertrupp

gegenüber dem Parlamentarismus und der Idee des politischen Ausgleichs entwickelt. Deswegen standen sie neoautoritären Theorien, die einen »starken« Staat und eine »starke« Regierung befürworteten, mit Wohlwollen gegenüber. Der Gebrauch der Gewalt störte sie nicht, solange diese nicht zur Zerstörung, sondern zur Erstarkung eines Staates angewandt wurde, in dem sie jene zentrale Stellung einnehmen könnten, an die sie gewöhnt waren.

Die Schwankungen, die man in Mussolinis Politik zu dieser Zeit feststellen kann, haben ihren Ursprung in diesen Ambivalenzen. Der Führer der Fasci meisterte die Situation dadurch, daß er den programmatisch antiprogrammatischen Charakter seiner Bewegung nachdrücklich hervorhob. Nachdem er sich auf den »tendenziell« republikanischen Charakter des Faschismus berufen hatte, suchte er eine Einigung mit der von Antonio Salandra geführten, ultramonarchistischen Rechten. Kurz danach richtete er einen Friedensappell an die Sozialisten.

Trotz der Opposition der *Ras*, die sich um Dino Grandi und Roberto Farinacci konzentrierte, kam es am 3. August 1921 zur Unterzeichnung eines Versöhnungsvertrages zwischen der

PSI und den Fasci. Diese Einigung bestand nur aus leeren Worten. Sie brachte den Squadrismus nicht zum Stillstand, doch sie diente dazu, Mussolini in den Augen der öffentlichen Meinung als entschiedenen, respektablen und sich im Zaum haltenden politischen Führer zu legitimieren, alles andere als ein Volksverhetzer. Ein letzter, wichtiger Schritt in diese Richtung wurde im November bei dem in Rom stattfindenden Nationalkongreß der Fasci gemacht. Was sich bis dahin als »Bewegung« bezeichnete, wandelte sich nun in eine Partei mit dem Namen *Partito Nazionale Fascista* (PNF). Dieselben, die bereits den Versöhnungsvertrag kritisiert hatten, widersetzten sich dieser Wende. Für den squadristischen Führer Grandi war die Aufgabe des Faschismus, daß »die Massen dem Staat beitreten« und das, wie Piero Marsich, ein anderer junger squadristischer Führer schrieb, sei nicht möglich »wenn nicht sofort die Macht der alten Kasten den jungen Kräften übertragen würde«. Die Dissidenten nahmen jedoch weiterhin am Kongreß teil. Die Parteibildung bedeutete nämlich keineswegs die Auflösung der Stoßtrupps, im Gegenteil: Für die erwachsenen männlichen Mitglieder wurde die Mitgliedschaft Pflicht.

So entstand eine militarisierte Partei, die nach »der höchsten Ehre der Staatsregierung« strebte, um einen Staat aufzubauen, der der »eifersüchtige Hüter und Verteidiger und Verkünder der nationalen Tradition, der nationalen Gefühle und des nationalen Willens ist«. Die vorgezeichnete Linie war klar: diesen Staat zu erobern, bedeutete, ihn faschistisch zu machen. Benito Mussolini übernahm immer mehr die Rolle des charismatischen Führers. Man begann, ihn mit Duce anzureden: In Ermangelung eines Programms, das die Faschisten zusammenhält, ist es die Beziehung zum Duce, die diese Funktion übernimmt.

Am 2. Februar 1922 stürzte die Regierung Bonomi. Eine gravierende Spaltung auf wirtschaftlichem Gebiet hatte die Krise ausgelöst: der schon erwähnte Zusammenbruch der *Banca di Sconto*. Das Kreditinstitut gehörte den Brüdern Perrone, den Besitzern der Maschinenfabrik Ansaldo, die 1918 auf der Welle der Kriegsgewinne die Bank übernommen hatten. Als 1920 Italien in eine Rezession geriet, die die Schwerindustrie in große Schwierigkeiten brachte, schöpften die Brüder Perrone mit vollen Händen aus der *Banca di Sconto*, um die Ansaldo aufrechtzuerhalten. Die Außenstände waren jedoch zu hoch, unter den Sparern verbreitete sich rasch Alarmstimmung und der Wettlauf zu den Auszahlungsschaltern begann, um die Ersparnisse noch zu retten, bevor es zu spät war.

Am 29. Dezember 1921 war die *Banca di Sconto* gezwungen, die Regierung um die Erlaubnis zu bitten, die Schalter zu schließen und somit die Auszahlungen einzustellen. Bonomi willigte ein, hielt aber dem Druck der industriellen und finanziellen Ratgeber stand, die die Bank retten wollten, indem ihre Verluste zu Lasten des Staates gingen. Das Mißbehagen der Unternehmer und Bankiers, die nicht mehr bereit waren, eine Regierung zu dulden, die ihren Wünschen eher ab- als zugeneigt war, vereinte sich nun mit der Unzufriedenheit der kleinen Sparer, die fürchteten, daß ihre Ersparnisse im Nichts verschwänden. Darüber spaltete sich die die Regierung unterstützende parlamentarische Mehrheit.

Nach hitzigen Debatten unter den bedeutendsten politischen Vertetern Giovanni Giolitti, Enrico de Nicola und Vittorio Emanuele Orlando, von denen einer nach dem anderen durch sich überschneidende Vetos außer Gefecht gesetzt wurde, ging das Amt an Luigi Facta, Giolittianer, Advokat und Parlamentarier von geringem politischem Gewicht. Auf dem Papier verfügte er über eine Mehrheit von den Sozialreformern bis zur extremen Rechten, also weitreichender als diejenigen, die die vorhergehenden Regierungen getragen hatten. Nur die Sozialisten und Kommunisten blieben in der Opposition. Factas Regierung wurde als ein Übergangskabinett verstanden, da man nur auf günstige Bedingungen wartete, um die Leitung der öffentlichen Angelegenheiten einer respektableren Person anvertrauen zu können.

Am 3. März, wenige Tage nach der Amtseinsetzung Factas, brach wieder der Konflikt um Fiume aus: Faschisten, Nationalisten und ehemalige Legionäre stürmten den Palast des Regierungssitzes und proklamierten die Vereinigung mit Italien. Die Obrigkeit in Fiume wurde zum Rücktritt gezwungen. Rom weigerte sich jedoch, derart vollendete Tatsachen hinzunehmen: Die Stadt blieb unter einem italienischen militärischen Kommando, dessen juristischer Status unklar war.

Im Frühling 1922 intensivierten die Faschisten die Mobilisierung auf den Straßen. Sie nahmen die gewalttätigen squadristischen und Antistreik-Aktionen wieder auf, aber sie wollten auch beweisen, daß die PNF fähig sei, die Hegemonie über die Arbeiter auszuüben. Ende Januar 1922 war in Bologna die *Confederazione Nazionale delle Corporazioni Sindacali* gegründet worden, eine faschistische Gewerkschaft unter der Leitung des ehemaligen Revolutionären Syndikalisten und späteren Interventionisten Edmondo Rossoni. Nicht der Konflikt, sondern die Zusammenarbeit war die Grundlage seines Handelns. Für das »nationale« Gewerkschaftswesen war der Begriff »Arbeiter« mit dem des »Produzierenden« identisch. Der Unterschied zwischen Lohnabhängigen und Arbeitgebern wurde verneint. Da die PNF auch mit der Unterstützung des Agrarbürgertums rechnen konnte, das bereit war, mit den faschistischen Gewerkschaftsorganisationen Vereinbarungen zu treffen, die es vorher den sozialistischen Vereinigungen verweigert hatte, brachte sie die Arbeiter, die sie für sich gewinnen konnte, auch auf die Straße.

Die Fasci, die so eine Gegenposition zur Arbeiterbewegung einnahmen, wollten nicht einfach als »weiße Garde« im Dienst der besitzenden Schichten erscheinen, sondern sie taten alles, um als Träger einer neuen Weltsicht und Gesellschaft zu gelten, die im Gegensatz zum Sozialismus stand. Daher begann nun auch eine Schlacht auf der Ebene der Symbole: an die Stelle des internationalen Feier- und Kampftags der Arbeiter, dem 1. Mai, setzen die Fasci den 21. April, die Römische Weihnacht, ein nationaler, volkstümlicher und kaiserlicher Feiertag. Natürlich war der Streit um die Symbole ein willkommener Anlaß für die *squadre* zur militärischen Auseinandersetzung. Am 1. Mai 1922 gab es Dutzende von Toten auf den sozialistischen Kundgebungen.

Am Monatsende besetzten tausende Faschisten unter der Führung von Italo Balbo Bologna, wo es der sozialistischen Organisation der Landarbeiter bis dahin gelungen war, das Prinzip der gewerkschaftlichen Arbeitsvermittlung zu verteidigen, dem die Fasci ein Ende setzen wollten. Die militärischen Behörden der Stadt verhandelten offen mit dem *Ras* aus Ferrara. Es war bereits nicht mehr klar, wer tatsächlich die Macht hatte.

Unternehmer, Politiker und Journalisten für eine von Benito Mussolini geführte Regierung

Zu Beginn des Sommers 1922 überschwemmt der Squadrismus das Land: Adria, Cremona, Viterbo, Novara, Ravenna, Rimini, Pavia und Biella werden von den bewaffneten Banden der PNF militärisch besetzt. Die Regierung Facta gerät ins Wanken, weiß nichts anderes, als zur »zivilen Eintracht« aufzurufen und sieht sich am 19. Juni gezwungen zurückzutreten.

Mussolini, der sich etlicher Sympathien in den führenden Kreisen, vom Hof bis zum Unternehmertum, sicher ist, scheut sich nicht, ein Veto gegen die Bildung gleich welcher Regierung zu richten, die sich als antifaschistisch erklärt. Er verkündet, daß die Aufnahme sozialistischer Vertreter in die Regierung »einen Verrat der Interessen des Landes« bedeute. Die parlamentarische Gruppe der PSI hatte sich mit einer starken Mehrheit bereit erklärt, eine Regierung zu unterstützen, die die Legalität wiederherstellen und die faschistische Illegalität mit Gewalt unterdrücken werde. Ein Teil der Volkspartei hatte die Erklärung trotz schwerwiegender innerer Widerstände beifällig aufgenommen.

Der immer charismatischere Führer der Fasci geht so weit, daß er mit dem bewaffneten Aufstand gegen eine mögliche feindliche Mehrheit droht und dabei unterstreicht, daß seine Partei noch nicht entschieden habe, ob sie legal oder umstürzlerisch sein werde. Neben diesen hochtrabenden Stellungnahmen beschwichtigt er die führenden Eliten. In der Außenpolitik erklärt sich der Faschismus eindeutig als antideutsch, womit er den Militärs und der Großindustrie entgegenkommt,

Die Faschisten als »Partei der Ordnung«: Während eines Streiks in Mailand laden die Faschisten zum kostenlosen Straßenbahn-Fahren ein

deren Interesse es ist, sich im Donaugebiet auszubreiten. In der Innenpolitik bekennt er sich zum Liberalismus, was in diesem Augenblick den Wünschen der kapitalistischen Kreise entspricht, die freie Hand haben wollen.

Es begann eine noch verworrenere Regierungskrise als die vorhergehende. Die sich überschneidenden Vetos wiederholten sich, die zu diesem Zeitpunkt nicht von der Hand zu weisende Aussicht auf einen Bürgerkrieg versetzte die Gemüter in Schrecken. Giovanni Giolitti, immer noch entschlossen, den Faschismus zu »konstitutionalisieren«, forderte, eine Mehrheit herzustellen, die diesen miteinbezöge.

Am 9. August 1922 stellte Luigi Facta sein kaum umgebildetes Kabinett erneut der Kammer vor und erhielt das Vertrauen ausgesprochen. Aber das, was im Parlament geschah, entsprach bereits nicht mehr dem, was im Land selbst geschah. Am 31. Juli rief die *Alleanza del Lavoro*, das Bündnis der linken gewerkschaftlichen Organisationen, zusammen mit der PSI und der PCd'I einen Generalstreik aus. Ziel des Kampfes, der mit dem Namen »gesetzmäßiger Streik« Geschichte machen sollte, war es, auf die Institutionen in antifaschistischem Sinn Druck auszuüben. Doch am 1. August stellte die Führung der PNF ein Ultimatum an den Staat: entweder die öffentlichen Behörden setzen innerhalb von 24 Stunden dem Streik ein Ende oder die *squadre* würden sich darum kümmern!

Es wurde nicht einmal das Ende der Frist abgewartet. Am 2. August gingen die Faschisten zur Offensive über. Es folgten Angriffe auf Demonstranten, Besetzungen von Gewerkschaftssitzen und Rathäusern und schließlich Übergriffe in Vierteln, in denen die Linke verwurzelt war. Es fehlte zwar nicht an Widerstandsaktionen, wie in Parma, wo es den *Arditi del Popolo* und Einwohnern gelang, die unter dem Kommando von Italo Balbo stehenden Schlägertrupps zu besiegen. Aber die Bilanz ging zugunsten der Faschisten aus, um so mehr, da der Hauptschauplatz der *squadre* auch diesmal wieder die großen Städte waren. Genua und Mailand wurden im Sturm erobert. In der lombardischen Hauptstadt bemächtigten sich die Faschisten des Palazzo Marino, des Sitzes der Stadtregierung. Auf dem Mittelbalkon erschien Gabriele D'Annunzio, schwang die Trikolore und spielte den Retter des Vaterlandes. Doch waren es der *Corriere della Sera* und die mailändische Richterschaft, die das entscheidende Zeichen für die Wende gaben. Das Presseorgan des lombardischen Bürgertums und die institutionellen Garanten für die Befolgung der Gesetze erklärten einstimmig, das Vorgefallene sei weder illegal noch unangemessen gewesen.

30. Oktober 1922: Mussolini wird Regierungschef

Da der Nationalrat der faschistischen Partei offensichtlich die Existenz der zweiten Regierung Factas ignorierte, forderte er am 13. August Neuwahlen und drohte damit, einen Aufstand auszulösen. Mussolinis Ziel war es, die Regierung dazu zu bringen, den Faschisten eine zentrale Rolle zuzugestehen. Dafür waren ihm alle Mittel recht. Die Taktik bewährte sich: in den folgenden zwei Monaten konzentrierte sich die politische Debatte auf die Bedingungen, die es möglich machen würden, die PNF an der Regierung zu beteiligen. Abgesehen von Giovanni Giolitti, der davon träumte, als Führer eines Ministerkabinetts zurückzukehren, das auch die Faschisten miteinbezöge,

Vittorio Emanuele
und Mussolini

waren die wichtigsten politischen Vertreter gegen eine Regierungsbeteiligung der Faschisten.

Am 20. September versicherte sich Mussolini in einer Rede in Udine der zukünftigen Unterstützung der Unternehmer und der Monarchisten: er enthielt sich jeglicher republikanischer Rhetorik und unterstrich die Notwendigkeit, die »gesamte sozialistisch-demokratische Struktur des Staates zu zerstören« sowie ihm »alle seine wirtschaftlichen Funktionen« zu entziehen. »Schluß mit dem Eisenbahn-Staat, dem Post-Staat, dem Versicherungs-Staat, Schluß mit dem auf Kosten seiner Steuerzahler gewerbetreibenden Staat«.

Zwei Wochen später traten in Trient und Bozen die Stoßtrupps in Aktion, die den deutschen Bürgermeister aus der Südtiroler Hauptstadt vertrieben. Senator Luigi Credaro, der mit dem Gouverneurstitel die gerade annektierte Region regierte, wurde zum Rücktritt gezwungen. In den Augen der Faschisten hatte er sich einer Politik schuldig gemacht, die die deutschsprachige Minderheit respektierte. Nachdem sie so einen letzten Beweis ihres »patriotischen« Geistes geliefert hatten, begannen Mussolini und die Seinen mit der Organisa-

Il Popolo d'Italia

Fondatore: BENITO MUSSOLINI

Mussolini riconsacra l'Italia di Vittorio Veneto creandole un Governo degno dei suoi immancabili destini

Le entusiastiche accoglienze dell'Esercito, delle Milizie fasciste e del Popolo romano

Il nuovo Governo

Il nuovo Presidente del Consiglio

tion der großen Massierung der Schwarzhemden in der Hauptstadt, in der Rhetorik des Regimes der »Marsch auf Rom«. Michele Bianchi, ehemaliger Revolutionärer Syndikalist und Interventionist, Italo Balbo, wichtiger Führer des Stoßtrupps, Heeresgeneral Emilio De Bono, Cesare Maria De Vecchi, das Haupt der Fasci in Turin und glühender Monarchist, hatten den Auftrag, die Aktion vorzubreiten: Ihnen wurde das ad hoc erfundene Amt der *Quadrumviri* übertragen.

Am 27. Oktober 1922 erklärte Luigi Facta seinen Rücktritt. Am selben Tag machten sich die Kolonnen der Schwarzhemden auf den Weg. In der Nacht schlugen die (zurückgetretenen) Minister und Militärs die Ausrufung des Ausnahmezustands vor. Am Morgen des 28. Oktobers jedoch weigerte sich der König, das entsprechende Dekret zu unterzeichnen, da er lieber den Anweisungen von hochdekorierten Generälen, wie Armando Diaz, dem Siegermarschall, und wichtigen nationalistischen Vertretern, wie Luigi Federzoni, folgte, die für eine Einigung mit den Fasci waren. Ein letzter Versuch, der von dem durch De Vecchi vertretenen ultramonarchistischen Flügel der PNF und den Nationalisten gestützt wurde, ein Kabinett Salandra-Mussolini zu bilden, scheiterte angesichts der offenen Stellungnahme des Unternehmerverbandes, der *Confindustria*, für Mussolini. Inzwischen hatte sich der Vatikan beeilt, den Anführer der Schwarzhemden auszuforschen, um zu erfahren, was die »politischen Absichten des Faschismus gegenüber der Kirche« seien. Auf diese Weise zeigte sich die katholische Kirche durch die Kurie vorerst neutral.

Am 30. Oktober 1922 bildete Benito Mussolini sein erstes Kabinett. Nach außen hin war es eine typische Koalitions-

Regierung. Außer dem Regierungschef, der das Innen- und Außenministerium für sich behielt, gab es zwei faschistische Minister, zwei Minister der Volkspartei, zwei demokratisch-soziale (liberale Anhänger Nittis), zwei Nationalisten, einen liberalen Giolittianer, einen salandrinischen Liberalkonservativen, zwei Militärs (Diaz und Thaon di Revel) und einen der PNF nahestehenden Unabhängigen (den Philosophen Giovanni Gentile). Mussolini hatte es vermieden, die Parteien oder die parlamentarischen Gruppen zu befragen. Er hatte sich direkt an die einzelnen Persönlichkeiten gewandt, die er kooptieren wollte.

Kostümprobe vor dem »Marsch auf Rom« (Von links nach rechts):
De Bono, Teruzzi, Mussolini, De Vecchi, Balbo

So regierte er kraft einer außerparlamentarischen Amtseinsetzung, die aus der Verbindung mit der militärischen Kraft der *squadre* herrührte, deren er sich hemmungslos bedient hatte. Dazu kamen der aggressive nationalistische Konsens eines Teils der Mittelschicht und die Unterstützung starker autonomer, sozialer und institutioneller Mächte (die Unternehmer, das Militär und die Bürokratie). Angesichts dieser Tatsache verlor das Parlament praktisch seine Bedeutung.

Die Rede, die Mussolini am 16. November vor der Kammer hielt, mit dem berühmten Satz »Ich hätte aus diesem verfilzten, grauen Versammlungssaal ein ›Biwak für Manipeln‹ machen können«, ist nicht nur ein Hinweis auf den Stil dieses Politikers, sondern drückt auch zutiefst die drastische Veränderung in den Institutionen und der Beziehung zwischen Staat und Gesellschaft aus. Mit einer Exekutive, die anderswo ihre Legitimation findet, werden die Wahlorgane ein Hindernis, auf das man – wenn nötig – verzichtet.

Am 28. Oktober 1922 fand keine Revolution im engeren Sinne statt. Doch es wurde der Widerspruch zwischen der liberal-parlamentarisch konstitutionellen Struktur und der administrativ-autoritär institutionellen Praxis aufgelöst, der den italienischen Staat seit seiner Entstehung charakterisiert hatte. Nun überwog die autoritäre Praxis.

1922–1925: Der Faschismus wird zum Regime

Am 24. November 1922 gewährte die Kammer in einem selbstzerstörerischen Beschluß der Regierung bis zum 31. Dezember 1923 sämtliche Machtbefugnisse. Nicht wenige hofften, daß der Faschismus – ließe man Mussolini freie Hand – sich der erwünschten »Normalität« annähern und so seine gewaltsamen Seiten verlieren würde. Eine nur wenige Wochen andauernde Illusion, die die Ereignisse in Turin am 18. Dezember zunichte machten: In der Folge eines Schußwechsels aus rein persönlichen Motiven wurden zwei Faschisten tödlich verletzt. Im Gegenzug entfesselte sich die Gewalt der Schlägertrupps von Piero Brandimarte, dem Führer der piemontesischen Fasci: die Arbeitskammer wurde gestürmt, besetzt und niemals mehr ihren rechtmäßigen Besitzern zurückgegeben. Sozialistische und kommunistische Vereinslokale wurden verwüstet. Mitglieder und Führer der Arbeiterorganisationen wurden entführt, getötet und ihre Leichen auf den Straßen liegen gelassen. Die Zahl der offiziell ermittelten Toten belief sich auf elf. Die für die öffentliche Ordnung verantwortlichen Behörden, der Präfekt und der Polizeipräsident unternahmen nichts. Die Schuldigen wurden nicht nur nicht bestraft, sondern sie konnten sich öffentlich zu ihren Taten bekennen. Im Sog der Turiner Ereignisse kam es zu einer neuen Welle squadristischer Aktionen.

Das Andauern der Illegalität zeigte, daß sie keine rein instrumentelle Rolle gespielt hatte: der Faschismus hatte es de facto nie darauf abgesehen, den Staat zu zerstören, aber er begnügte sich auch nicht damit, die Entscheidungszentren in seiner Hand zu haben. Die PNF wollte den Staat durchdringen, indem sie den bestehenden institutionellen Strukturen die eigenen Parteistrukturen aufzwang. Das beweisen zwei wichtige Entscheidungen vom Januar 1923: Die *squadre* wurden in eine Sicherheitspolizei, die *Milizia Volontaria per la Sicurezza Nazionale* (MVSN) umgewandelt und die Zusammensetzung und die Aufgaben des *Gran Consiglio Fascista* wurden bestimmt, eines faschistischen Rats, der im Dezember zuvor eingerichtet worden war. In beiden Fällen handelte es sich um Parteiorgane, denen eine institutionelle Rolle zugewiesen wurde.

Waffenausgabe an Mitglieder der MVSN

Handelte es sich im Fall der MVSN noch um eine Maßnahme, die wüstesten Splittergruppen des Squadrismus zu bremsen (obgleich gleichzeitig betont wurde, daß der »Charakter der MVSN grundsätzlich faschistisch« sein werde), so handelte es sich im Fall des »Großen Faschistischen Rats« um eine klare Verfälschung des institutionellen Gleichgewichts: das Albertinische Verfassungsstatut wurde de facto verändert. Der »Große Faschistische Rat« war eine Art Superregierung oder politisches Direktorium, gegenüber dem die eigentliche Regierung die Funktion eines technisch-operativen Organs einnahm.

Anfang März 1923 wurde der Zusammenschluß zwischen der PNF und der *Associazione Nazionalista* angekündigt. Betrachtet man die jeweilige Konsistenz der beiden Formationen, so gibt es keinen Zweifel, daß letztere von der PNF vereinnahmt wurde. Vom inhaltlichen Gesichtspunkt aus war jedoch das Gewicht der ehemaligen Nationalisten – eine intellektuelle Elite – bei den kommenden Entscheidungen des Faschismus nicht unerheblich, vor allem für die Veränderungen der staatlichen Institutionen.

Unter voller Ausnutzung ihrer Machtbefugnisse führte die Regierung Mussolini in diesen Monaten zwei wichtige Maßnahmen durch: die Reform der höheren Bildung, die als »Reform Gentile« – mit dem Namen des amtierenden Ministers – bekannt wurde, und die Neuordnung der öffentlichen Verwaltung. Beides Maßnahmen deutlich autoritärer Prägung, die klare hierarchische Strukturen vorgaben. In den Schulen wurde das Leistungsprinzip durch Maßnahmen eingeschränkt, die die soziale Herkunft wieder höher bewerteten. Die Schulgebühren wurden erhöht und dem klassischen Gymnasium – einziger Auslesemechanismus für die Führungsschicht – kam eine zentrale Rolle zu. Andere höhere Schularten wurden ihm untergeordnet. Es war unmöglich, von diesen auf das Gymnasium überzuwechseln. Als Krönung der weiterführenden Studien wurde das Staatsexamen eingeführt. So kam man auch einer langjährigen Forderung der Katholiken entgegen, ihre Privatschulen den öffentlichen gleichzustellen. Bis dahin waren nur die Schüler nichtstaatlicher Institute verpflichtet, sich dem Staatsexamen zu unterziehen.

Die gleichzeitige Reform der öffentlichen Verwaltung sollte die bis zur Abhängigkeit reichenden Bindungen an die amtierende Regierung verstärken, deren Verfügungsgewalt bezüglich Ernennungen, Versetzungen und Entlassungen erhöht wurde. Das gesamte zivile Personal des Staates wurde in eine starre Hierarchie eingefügt.

Das Parlament spielte in dieser Zeit überhaupt keine Rolle. Doch machte sich innerhalb der Mehrheit, die der von Mussolini geführten Ministergruppe das Vertrauen ausgesprochen hatte, Unbehagen breit. Vor allem die Partei Don Luigi Sturzos war in sich gespalten: in der katholischen Volkspartei gab es zwar einen offen profaschistischen Flügel, der Anfang des Jahres 1923 aus der Versenkung auftauchte, die Mehrheit verhielt sich jedoch weiterhin vorsichtig und stützte die Regierung, ohne sich mit ihr zu identifizieren. Doch damit war Mussolini nicht zufrieden. Am 23. April entließ er die Minister und Staatssekretäre der Volkspartei. In normalen Zeiten hätte das eine Regierungskrise ausgelöst. Die neugebildete Regierung tat so, als sei nichts geschehen.

Das bedeutete jedoch nicht, daß eine feindliche Haltung der Volkspartei dem Faschimus keine Schwierigkeiten bereitet hätte. Die besonderen Verbindungen der PPI zur Kirche hinderten die Schwarzhemden daran, gegen sie dieselben Methoden anzuwenden, die sie gegen die Arbeiterbewegung angewandt hatten. Es wurde also eine zweigleisige Politik betrieben, und dem Vatikan sowie der Kirche nahegelegt, daß es für sie viel lohnender sei, zu den Faschisten eine direkte Beziehung zu haben und auf Don Sturzo zu verzichten. Die Regierung beeilte sich, mit einer Reihe von Maßnahmen von höchst symbolischem Wert den Gesprächspartnern der Kirche zu verstehen zu geben, daß sich das Blatt wenden werde. Der katholische Religionsunterricht in der öffentlichen Schule wurde eingeführt: in der Grundschule verpflichtend, für die folgenden Klassen freiwillig. Die Militärkaplane kehrten ins Heer zurück, und in den Schulzimmern und Gerichtssälen hing wieder das Kruzifix. Im Januar 1923 trafen sich Mussolini und der vatikanische Staatssekretär, Kardinal Pietro Gasparri, um die römische Frage zu lösen und gemeinsam die kritische finanzielle Situation der *Banco di Roma* zu prüfen, die im Besitz des Vatikans war.

Don Sturzo (rechts) mit Alcide De Gasperi (ganz links) und Stefano Cavazzoni

Während der Parteichef verhandelte, traten die Schläger in Aktion: Gegen die Vertreter und Führungskräfte der Volkspartei, sowie gegen widerspenstige Priester wurden wieder Schlagstöcke und Rizinusöl eingesetzt. Zu Anfang des Sommers war die Frage zugunsten des Faschismus entschieden. Auf Don Sturzo wurde auch von kirchlicher Seite immer stärkerer Druck ausgeübt, so daß er schließlich aufgab: Am 10. Juli verzichtete der Priester auf sein Amt als Parteisekretär der PPI.

Zwischen dem Herbst 1922 und Frühling 1923 war es dem Faschismus gelungen, einen großen Teil der Staatsgewalt in seinen Händen zu konzentrieren. Und das, obwohl er im Parlament nur 35 Abgeordnete hatte. Doch die uneingeschränkten Machtbefugnisse, durch deren Gewährung sich die Kammer vieler ihrer Vorrechte entledigt hatte, würden Ende des Jahres ablaufen. Man mußte also Hand an das parlamentarische Gleichgewicht legen. Dieselbe erfolgreiche Logik, mit der Mussolini eine Einigung mit den traditionellen Machtzentren im Staat und der Gesellschaft erreicht hatte, brachte ihn nun dazu, unter dem Banner des Faschismus so viele Teile der politisch gemäßigten und konservativen Schicht wie möglich zu vereinen. Zu diesem Zweck wurde ein Wahlgesetz ausgearbeitet, das unter dem Namen des Staatssekretärs des Ministerpräsidenten, Giacomo Acerbo, bekannt wurde: Das Verhältniswahlrecht wird durch ein Listen-Mehrheitssystem ersetzt, in dem die Mehrheit prämiert wird. Die Liste mit der relativen Stimmenmehrheit auf nationaler Ebene erhält zwei Drittel der Sitze in der Kammer. Auf den Vorschlag der Volkspartei wird dann ein Quorum von 25% der Wählerstimmen festgesetzt, damit diese Prämie auch vergeben werden kann. Am 13. November 1923 wurde das Acerbo-Gesetz endgültig bewilligt. Am 25. Januar wurden die Kammer aufgelöst und die Wähler für den 6. April zu den Urnen gerufen.

Am 28. Januar 1924 verkündete Mussolini vom Balkon des Palazzo Venezia die Kriterien für die Bildung der faschistischen Wahlliste: kein Einheitsbündnis zwischen der PNF und anderen politischen Gruppierungen, sondern eine auf individueller Ebene offene Liste für Männer jeglicher Herkunft, wenn sie nur vertrauenswürdig seien und Garantien gäben. Gleichzeitig erklärte er, daß die Illegalität der Vergangenheit angehöre, die faschistische Miliz aber lebendiger und unverzichtbarer denn je sei. Dem Aufruf zur »großen Einheitsliste« (*listone*), wie die von den Fasci vorgeschlagene nationale Liste bezeichnet wird, kamen Liberale, Teile der Volkspartei, ehemalige Kämpfer und Kriegsverletzte, Intellektuelle und Künstler nach. Wer sich widersetzte oder versuchte, Wahlpropaganda für die antifaschistischen oder nichtfaschistischen Listen zu machen, mußte mit doppelter Repression rechnen: Auf der einen Seite durch die Staatsorgane, die übrigens auch in der liberalen Ära (vor allem im Süden) eingesetzt wurden, um sich Regierungsgegnern zu widersetzen, und auf der anderen Seite durch die faschistischen Schlägertrupps im Gewand der MVSN. Die Sozialisten, Kommunisten und die zu keinen Kompromissen bereiten Teile der Volkspartei und Liberalen, die entschlossen waren, sich dem faschistischen Autoritarismus zu widersetzen, wurden daran gehindert, Versammlungen abzuhalten. Sie wurden vor den Augen der Polizeibehörden von den Schlägertrupps gejagt und manchmal sogar getötet.

Im Kabinett, das Mussolini Ende Oktober 1922 bildete, übernahm Alberto De Stefani, ein Faschist mit deutlich liberalen Ideen auf finanziellem und wirtschaftlichem Gebiet, der in Unternehmerkreisen sehr willkommen war, das Finanzministerium. Als Ende Dezember 1922 der Volksparteiler Tangorra, Inhaber des Schatzamtes, starb, ging auch dessen Ministerium in die Hände von De Stefani über, der somit die Kontrolle über die gesamte Wirtschaftspolitik hatte. Mit der vollen Unterstützung des Regierungschefs ergriff er eine Reihe von Maßnahmen, die sich mit den Forderungen der Industrie und der Banken deckten. Gewissermaßen eingelöste Wechsel für diejenigen, die sich im entscheidenden Moment mit den Faschisten zusammengetan hatten. Sie hatten eine aggressive Eingliederung der italienischen Wirtschaft in den internationalen Markt zur Folge. Begünstigt durch die Lira-Abwertung wurden die italienischen Waren wettbewerbsfähiger.

Damit diese günstige Situation anhielt, war es jedoch notwendig, dem Industriekapital freien Handlungsspielraum zu geben, um die Löhne zu drücken, sowohl die monetären als auch die Reallöhne.

Am 10. November wurden die Namenspapiere abgeschafft. Am 7. Januar 1923 wurden die Mietpreise freigegeben, am 8. Februar wurde das Telephon privatisiert und am 29. April die

Versicherungen. In einem nächsten Schritt wurden die Besteuerung der Kriegsgewinne, des Industrie- und Bankkapitals und der Gesellschaftszusammenschlüsse, schließlich auch die Erbschaftssteuern abgeschafft. Die Wirkung dieser Maßnahmen auf die italienische Wirtschaft steht außer Zweifel. Alle wirtschaftlichen Indikatoren gingen in die Höhe. Außer dem einen: den Löhnen.

Den Arbeitern kam das Kabinett weitaus weniger entgegen. Am 25. Januar 1923 wurden rund 40 000 Eisenbahner entlassen, offiziell wegen »geringer Leistung«. Im April wurde nach dem Tod des Arbeitsministers der PPI, Camazza, das Ministerium abgeschafft und durch das Wirtschaftsministerium ersetzt, das dem wirtschaftsliberalen Ökonom Orso Mario Corbino anvertraut wurde. Diese Maßnahme hatte vor allem symbolischen Wert: damit wurde klar gemacht, daß die Arbeit kein für sich autonomer Bereich mehr war, sondern eine von der Wirtschaft abhängige Variable. Ähnliche Bedeutung hatte die Maßnahme, den 1. Mai durch den 21. April zu ersetzen, also die Nationszugehörigkeit vor die Klassenzugehörigkeit zu stellen: die »italienischen« Arbeiter feiern an einem »italienischen« Gedenktag. Schließlich trafen sich im Dezember die *Confindustria* und der Verband der faschistischen Gewerkschaften im Palazzo Chigi und erzielten ein Abkommen, wonach ihre Politik mit den »Richtlinien der Nationalregierung« übereinstimmen sollte. Diese Übereinkunft schaltete die Gewerkschaften allerdings noch nicht aus. Wo sie ihre Kraft bewahrten, gelang es ihnen noch, sich Geltung zu verschaffen. Trotzdem setzte sich das Prinzip durch, nach dem sich die Organisation der Arbeiter den politischen Richtlinien der amtierenden Regierung unterordnete.

Die Ermordung Matteottis

Die Kammer, die aus den Wahlen vom 6. April 1924 hervorging, entsprach ganz und gar den Erwartungen der Faschisten. Die »Große Einheitsliste« erhielt 375 Abgeordnete, die Opposition insgesamt 106, weitere 29 Sitze gingen an kleinere, aber grundsätzlich regierungsnahe Listen. Außer der Prämierung

Giacomo Matteotti mit Parteifreunden

der »Mehrheit« hatte die Gewalt der Miliz den Ausschlag gegeben: in der Emilia-Romagna, in der Toskana, in Umbrien und in allen anderen Regionen Mittel- und Süditaliens erhielt die Liste die Höchstzahl der Stimmen. Nur im Norden ging sie nicht über die relative Mehrheit hinaus und wurde von den Oppositionsparteien insgesamt übertroffen.

Nach dem Wahlsieg sprachen Mussolini und die Seinen von einer Normalisierung, aber was sie damit meinten, verdeutlicht das Kommuniqué des Direktoriums der PNF vom 24. April: es geht »ausschließlich um die Normalisierung des faschistischen Regimes und nicht um die Rückkehr zu dem durch den Marsch auf Rom gestürzten Regime«. In Wahrheit dauerten die Aggressionen der Miliz an, weitere legale Einschränkungen kamen hinzu, die Oppositionszeitungen unterlagen der Vorzensur.

Am 31. Mai griff der Einheitsführer der Sozialisten, Giacomo Matteotti, in einer äußerst harten Rede die Regierung an und bezichtigte sie offen der Gewalt und der Illegalität, die dazu dienten, die Wahlen zu gewinnen, deren Annullierung er forderte. Am 10. Juni wurde Matteotti das Opfer einer Entführung und verschwand. Seine Leiche, an der die erlittenen Foltern noch sichtbar waren, wurde erst am 16. August gefunden. Seit dem Tag der Entführung wurde Mussolini von der Opposition, einem großen Teil der Presse, einschließlich der

Zeitungen, die, wie der *Corriere della Sera*, zuerst die Schwarzhemden unterstützt hatten, angeklagt, zumindest moralisch gesehen der Auftraggeber des Verbrechens zu sein. Diese Gegenreaktion war so stark, daß sich selbst in den Reihen der PNF und der Miliz Zweifel und Unsicherheiten verbreiteten.

Mussolini versuchte anfänglich, die politische Verantwortung auf seine Untergebenen abzuwälzen. Er setzte den Polizeichef General Emilio De Bono ab, gab das Innenministerium auf und übergab es dem ehemaligen Nationalisten Luigi Federzoni. Er entließ den ihm treu ergebenen Chef seines Pressebüros Cesare Rossi, der an der Entführung Matteottis direkt beteiligt war. Er schloß die Kammer, um zu verhindern, daß die Oppositionsparteien sie als Tribüne benutzten, und stellte die Vertrauensfrage im Senat, deren Ergebnis natürlich positiv war. Unter den 235 Senatoren, die am 24. Juni, zwei Wochen nach der Entführung Matteottis, sich zugunsten der Regierung aussprachen, war auch der Philosoph Benedetto Croce.

Sozialistische Abgeordnete legen einen Kranz am Ort der Entführung Matteottis nieder

Am 18. Juni beschlossen alle Oppositionsparteien, außer der Volkspartei, sich aus dem Parlament zurückzuziehen. Sie riefen die »Aventinische Sezession« ins Leben und beriefen sich dabei auf den Protest der Plebejer während der römischen Republik.

Die »Aventiner« umfaßten ein ziemlich weites politisches Spektrum: von den Liberaldemokraten, unter ihrem Führer Giovanni Amendola, bis zu den Sozialisten und Kommunisten. Auch wenn sie beschlossen hatten, sich untereinander abzustimmen, waren sie in ihren Zielen uneinig: Die Kommunisten schlugen vor, sofort ein Gegenparlament zu bilden und einen Appell an das Volk zu richten, sich in jeder Form zu mobilisieren. Doch die übrigen Kräfte zögerten vor einem solch offensichtlich aufständischen Schritt. Schließlich hieße eine Annahme des Vorschlags der Kommunistischen Partei, daß es im Lande zwei Machtzentren gäbe, die Regierung Mussolini und den Aventin, was einen Konflikt auf Leben und Tod, wenn nicht einen offenen Bürgerkrieg, zur Folge gehabt hätte. Trotzdem konnte die Front, die von den Sozialisten zu den Amendolanern ging, den Kommunisten keine Alternative entgegenset-

Karikatur aus der im Untergrund erscheinenden Zeitung *Il becco giallo*

zen. Es blieb ihnen nur, politischen Druck auf das höchste Staatsorgan, den König, das Militär, die hohe Verwaltung und das Unternehmerbürgertum auszuüben, um sie so zur Preisgabe ihrer Kollaboration mit den Faschisten zu veranlassen. Die Grenze dieser Perspektive war ihre Passivität: notwendige Bedingung für ihren Erfolg war der Zusammenbruch des sozialen und politischen Blocks hinter dem Faschismus. Die politische Initiative blieb, wie auch immer, in den Händen der Gegenseite. So vergingen in einem erschöpfenden Machtpoker fast sechs Monate.

Mussolini schwankt, aber er stürzt nicht. Er holt vielmehr zu schweren Gegenschlägen aus. Mitte Juli erläßt seine Regierung zwei Verordnungen, die die vom Statut garantierte Pressefreiheit abschaffen. Ein weiterer Schritt in die Diktatur. Ihrerseits geben weder Unternehmer, noch Militärs, noch die Krone zu erkennen, die Faschisten und ihren Führer im Stich lassen zu wollen. Der Aventin ist, trotz der intensiven propagandistischen Aktivität seiner Exponenten, denen es gelingt, starke Meinungsgruppen für sich zu gewinnen und einige junge Intellektuelle (die später eine wichtige Rolle in der Organisation der Opposition zum Regime spielen werden) zur Aktion zu bewegen, politisch wirkungslos.

Angesichts der Schwäche der Opposition bereitete sich Mussolini auf den Machtwechsel vor. In der Rede, die er am 3. Januar 1925 vor der Kammer hielt, nahm er die gesamte politische Verantwortung für das Vorgefallene auf sich. Er forderte die Opposition heraus, ihm den Prozeß zu machen, und erklärte: »Wenn der Faschismus eine Verbrecherbande gewesen ist, dann bin ich der Chef dieser Bande gewesen«. Gleichzeitig erhielten die Polizeiorgane von Innenminister Federzoni den Befehl, gegen die politischen, antifaschistischen Organisationen einzuschreiten.

1925–1929: Der Aufbau des Regimes

Die Faschisierung der Institutionen

In den folgenden Tagen begann ein eigens eingerichteter parlamentarischer Ausschuß unter dem Vorsitz von Giovanni Gentile mit seinen Arbeiten. Er hatte die Aufgabe, die Richtlinien nun nicht mehr der »Regierung«, sondern des faschistischen »Regimes«, auszuarbeiten. Am 15. Februar wurde das Wahlgesetz noch einmal reformiert und der Personenwahlkreis wieder eingeführt. Obwohl es niemals angewandt wurde, war es ein Druckmittel gegen die organisierten Oppositionsparteien, Sozialisten und Popolaren, und ein Mittel, um die Mitglieder der Nationalen Liste, die nur mit der Unterstützung der Regierung hoffen konnten, wieder gewählt zu werden, auf eine Linie zu bringen.

Man begann mit der Neuorganisation der PNF und des Staates. Am 12. Februar 1925 wurde Roberto Farinacci, ein Vertreter des extremistischen Flügels, Parteisekretär. Damit prämierte Mussolini die Radikalen und sicherte sich ihre Treue. In den folgenden Monaten schränkte die parlamentarische Mehrheit das Albertinische Statut immer mehr ein. Neue Gesetze erlaubten der Exekutive, öffentliche Angestellte, die »sich in einer Situation der Unvereinbarkeit mit den allgemeinen politischen Richtlinien der Regierung befanden«, zu entlassen. Sämtliche Vereinigungen unterlagen der staatlichen Kontrolle und mußten ihre Statute, Mitgliederlisten, die Zusammensetzung ihrer leitenden Organe und ihre ausgeübten Aktivitäten den Polizeiorganen melden. In Gemeinden bis zu 5000 Einwohnern konnten keine Bürgermeister mehr gewählt werden. Sie wurden durch die *Podestà* ersetzt, die die Regierung ernannte. Im September 1926 wurde das System der *Podestà* auf alle italienischen Gemeinden ausgeweitet.

Die Beschneidung der verfassungsmäßig garantierten Freiheiten wurde mit dem Gesetz »über die Befugnisse und Sonderrechte des Regierungschefs« vom 24. Dezember 1925 fortgeführt. Das Amt des »Ministerpräsidenten«, eines Primus inter pares, wurde durch das des »Regierungschefs« ersetzt, der alleiniger Inhaber der exekutiven Gewalt war. Die anderen Minister wurden zu einfachen Mitarbeitern, von ihm ernannt und ihm gegenüber verantwortlich. Nach der neuen Ordnung benötigte der Regierungschef nicht mehr das Vertrauen der Kammer, um sein Amt anzutreten. Ohne seine Zustimmung konnte das Parlament keinen Antrag stellen.

Zwischen 1925 und 1928 wurden die Anwälte und Journalisten, Berufsgruppen, in denen man mögliche Oppositionsherde vermutete, gleichgeschaltet. Den Anwälten konnte die Berufsausübung verweigert werden, wenn sie »ein öffentliches Amt in Widerspruch zu den nationalen Interessen«, d.h. gegen die Regierung, ausführten. Ein ähnliches Schicksal stand den Journalisten bevor, denen Mussolini am 10. Oktober 1928 erklärte, sie seien in Italien frei, »nur einer Sache und einem Regime zu dienen« und nicht – wie im Ausland – einer Vielfalt von Interessen und Meinungen.

Angelpunkt jedes autoritären Regimes ist der Polizeiapparat: Im April 1926 wurde den Präfekten die Kontrolle aller öffentlichen Ämter der Provinz übertragen. Mit der Rechtsordnung vom 6. November wurde den Karabinieri ein Polizeikorps zur Seite gestellt, das zwar ein Staatsorgan war, aber direkt von der politischen Gewalt abhing. Bis 1940 wurde es von dem »Viceduce« genannten Arturo Bocchini geführt, der 1928 die *Opera Vigilanza Repressione Antifascista* (OVRA), die Geheimpolizei, gründete, deren Aufgabe es war, den Antifaschismus zu bekämpfen.

Nach einigen mißglückten Attentaten gegen Mussolini hatte die Regierung am 11. November 1926 die Auflösung aller Vereinigungen und Parteien, die gegen das Regime waren, verfügt. Mit dem Gesetz vom 25. November, den »Maßnahmen zur Verteidigung des Staates«, wurde jeder Versuch, diese wieder aufzubauen, zu einem strafbaren Akt. Ihre Unterdrückung wurde dem »Sondergericht zur Verteidigung des Staates« übertragen, dessen Mitglieder vom Kriegsminister ernannt wurden und vorwiegend hohe Offiziere der *Milizia Volontaria per la Sicurezza Nazionale* (MVSN) waren. Die Gesetze vom November 1926, die in der Propagandasprache des Regimes *leggi fascistissime* genannt wurden, entzogen den Mitgliedern der »Aventinischen Sezession«, die aus Protest gegen die Ermordung Matteottis bei der Abstimmung am 18. Juni

1924 das Parlament verlassen hatten, den Abgeordnetenstatus. Einige von ihnen, darunter der Kommunist Antonio Gramsci, wurden verhaftet.

Der Identifizierungsprozeß zwischen Staat und Regierung war somit abgeschlossen. Eine andersgeartete politische Meinung als die vorgeschriebene zu äußern, bedeutete antinationaler Aktivitäten angeklagt zu werden und Strafverfahren oder polizeiliche Strafmaßnahmen zu riskieren. Die Präfekturen wurden ermächtigt, jeden, der nicht den Beweis der vollen Unterwerfung unter das Regime erbrachte, ohne Prozeß »in die Verbannung«, d.h. zu Zwangsaufenthalten in verlassene Dörfer oder in eigens dafür eingerichtete Konzentrationslager, zu schicken.

Den Antifaschisten blieb keine andere Wahl als das Exil oder die Tätigkeit im Untergrund. Ein ähnliches Schicksal traf die Gewerkschaften. 1923 hatte sich die führende Gruppe der CGL um einen modus vivendi mit dem Faschismus bemüht. Die Faschisten zogen es jedoch vor, auf die eigenen gewerkschaftlichen Strukturen – die *Confederazione nazionale* (später *Confederazione fascista) – delle Corporazioni* zu setzen. Am 2. Oktober 1925 schlossen die faschistische Gewerkschaft und die *Confindustria* einen Pakt im Palazzo Vidoni, in dem sie sich verpflichteten, mit keinen anderen Organisationen Abmachungen zu treffen. Das bedeutete, daß die Unternehmer nichtfaschistische Gewerkschaften nicht mehr anerkannten und sich öffentlich auf die Seite des Regimes stellten. Mitte Dezember beschloß die *Confindustria*, faschistisch zu werden. Sie fügte ihrem Namen das Adjektiv »faschistisch« bei und erklärte, daß sie sich in den Zielen und der Politik des Regimes wiedererkenne. Ihre höchsten Führungskräfte wurden Mitglieder der PNF. Die faschistische Gewerkschaft hing von der Partei ab, die die Führungskräfte ernannte. Bei den Unternehmerorganisationen begnügte sich der Faschimus dagegen mit formalen Unterwerfungsgesten, ohne in ihre Organisationsstrukturen und die Auswahl ihrer Vertreter einzugreifen.

Mit dem Gesetz vom 3. April 1926 wurde die faschistische Gewerkschaft in ein Staatsorgan umgewandelt, mit dem Monopol der Arbeitervertretung. Das Streikrecht wurde abgeschafft und ein Arbeitsgericht eingerichtet, das die Streitigkeiten zwischen den einzelnen Unternehmern und Arbeitern

Das Bild von Gramsci in der italienischen Polizeikartei

lösen sollte. Formal wurden die anderen Gewerkschaften nie für gesetzwidrig erklärt. Da sie aber jeglichen Handlungsspielraums beraubt und polizeilichen Verfolgungen ausgesetzt waren, beschlossen sie, sich aufzulösen. Kurz darauf wurde das Korporationsministerium eingerichtet, das – in der Propaganda des Regimes – für die »Zusammenarbeit zwischen Kapital und Arbeit« bestimmt war. Die in dem Gesetz vom 3. April vorgesehenen Korporationen wurden als »zentrale Verbindungsorgane« zwischen Unternehmern und Arbeitern bezeichnet. Sie waren »Staatsorgane« mit dem Ziel »der Koordination und besseren Organisation der Produktion«.

Das Korporationsministerium blieb allerdings in den ersten drei Jahren ein reines Studienzentrum. 1929 übernahm das Ministerium einige Kompetenzen, die zuvor dem Wirtschaftsministerium oblagen, und wurde eine Art Industrie- und Arbeitsministerium. Die Korporationen wurden erst 1934 gebildet. 1926 war Mussolini selbst Korporationsminister.

Staatssekretär war Giuseppe Bottai, ein Vertreter des monarchistischen Flügels und Befürworter des Faschismus, der gegenüber den korporationistischen Theoretisierungen der »Corridoniani« allerdings mißtrauisch blieb, d.h. jener Führer der faschistischen Gewerkschaft, die Gefolgsleute von Filippo Corridoni waren, dem Führer der Revolutionären Syndikalisten vor dem Krieg.

Corridonis Plan eines »nationalen korporativen Staates«, in dem die organisierten Interessen für die des höheren Staatsinteresses ausgegeben wurden, fand zwar Zustimmung bei vielen faschistischen Gewerkschaftsführern, konnte sich aber nicht durchsetzen. Ende 1928 wurde die faschistische Korporation in sechs Unterabteilungen aufgeteilt. Es handelte sich um die sogenannte »Aufsplitterung in Blöcke«. Die in fünf Berufsverbände eingeteilten öffentlichen Angestellten waren bereits ausgeschlossen.

1929, als die faschistischen Gewerkschafter versuchten, ihre eigenen Belegschaftsvertreter anerkennen zu lassen, stießen sie nicht nur auf die Opposition der Unternehmer, denen alles, was nach einer Einschränkung ihrer Macht im Betrieb aussah, verdächtig erschien, sondern auch auf die der höchsten Parteifunktionäre. Es wurde festgesetzt, daß die Gewerkschaft eine Struktur ohne institutionalisierte Präsenz in den Fabriken blieb. In diesem Zusammenhang ist das Arbeitsrecht, die *Carta del Lavoro* vom 30. April 1927, in dem die allgemeinen Linien der faschistischen Politik gegenüber der Arbeitswelt aufgezeichnet wurden, ein reiner Propagandaakt. Das in der *Gazzetta Ufficiale* veröffentlichte Dokument ist weder ein Gesetz noch ein Dekret, sondern nicht mehr als ein Manifest, dessen dreißig Abschnitte vage Prinzipien verkünden, und deren Ausführung zudem sehr unklar blieb.

Während sich die »Normalisierung« des Faschismus zur »Legalisierung« der Dikatur Mussolinis und der Gleichsetzung von Faschismus und italienischem Staat entwickelte, begann zwischen 1926 und 1928 die Übernahme der leitenden Positionen in der staatlichen Verwaltung durch die Faschisten. Schwarzhemden, Parteikader und Squadristen versuchten, sich in Diplomaten, hohe Verwaltungsangestellte, Generaldirektoren und Präfekturbeamte zu verwandeln. Die Einnahme des Staates durch den Faschismus bedeutete auch die Ein-

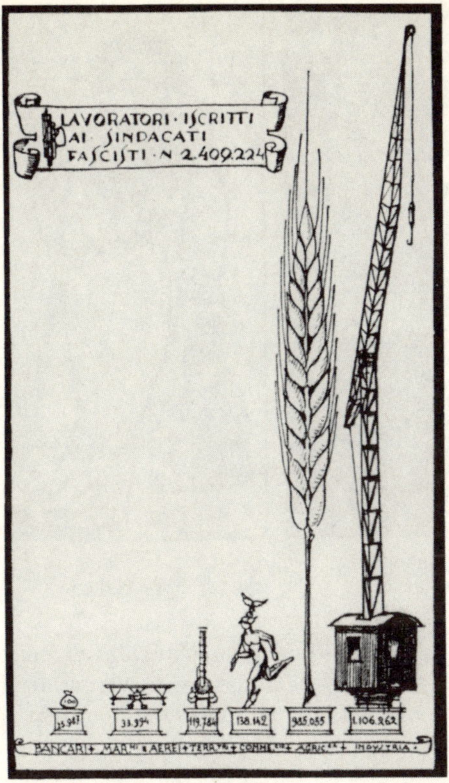

Die sechs Unterabteilungen der faschistischen Korporation: Banken, Marine und Luftwaffe, Heer, Handel, Landwirtschaft, Industrie

nahme der Ämter durch die Faschisten. Einige Krümel vom Bankett fielen dann auch in die unteren Etagen: Seit der Reform der Arbeitsvermittlung am 29. März 1928 hatten Mitglieder der PNF auf den Arbeitslosenlisten Vorrang.

Diese erste Phase des Regimes war mit der »Konstitutionalisierung« des Großen Faschistischen Rates und den Wahlen vom 24. März 1929 abgeschlossen. Das Gesetz vom 9. Dezember 1928 hatte dem Großen Rat beratende Funktion bei verfassungsrelevanten Themen (einschließlich der Thronfolge) und Beschlußfähigkeit bei der Aufstellung der Wahllisten zugestanden. Grund für diese reichlich späte Legalisierung war, daß Mussolini als Duce des Faschismus und als Regierungschef keiner doppelten Legitimation bedurfte. Die Eingliederung

Schwarzhemden aus Turin jubeln dem »Duce« auf der Piazza San Carlo zu.

Mussolini: Der Staat bin ich! Karikatur von Hahn jr.

des Großen Rates in die konstitutionelle Struktur des Staates war mit einem grundlegenden Bedeutungsverlust verbunden. Seine Zusammenkünfte wurden seltener und reine Routine.

Das »Plebiszit« von 1929, wie es das Regime bezeichnete, erfolgte aufgrund des Wahlgesetzes vom 17. Mai 1928. Es gab einen einzigen nationalen Wahlbezirk; den Wählern wurde eine Liste mit vierhundert Kandidaten, was der Anzahl der Sitze in der Kammer entsprach, vorgelegt. Sie waren aus den Vorschlägen der Arbeiter- und Unternehmerkorporationen und anderer Vereinigungen »öffentlichen Interesses« vom Großen Faschistischen Rat ausgewählt worden. Die Wähler mußten der gesamten Liste entweder zustimmen oder sie ablehnen. Wahlberechtigt waren männliche Erwachsene aus den folgenden Kategorien: Mitglieder gewerkschaftlicher, unternehmerischer oder ähnlicher Vereinigungen; steuerpflichtige Bürger, die mindestens 100 Lire Steuern im Jahr bezahlten; Inhaber staatlicher Schuldverschreibungen von mindestens 500 Lire; öffentliche Angestellte; Angehörige des katholischen Klerus oder Priester weiterer vom Staat zugelassener Kulte.

Im Vergleich zu den Wahlen von 1919 und 1924 hatte sich die Wählerschaft um 24% verringert. Die Wahlorganisation wurde gänzlich den Präfekten überlassen. Das Regime erzielte ausgezeichnete Ergebnisse: die Wahlbeteiligung war ziemlich hoch (89,6%) und mit nur 135761 Gegenstimmen (gegenüber 8519557 Ja-Stimmen und 8092 ungültigen Stimmen).

Die Außenpolitik

In den zwanziger Jahren betrieb Mussolini eine doppelgleisige Außenpolitik. Er nahm die Ziele des Nationalismus und des Expansionsstrebens der Vorkriegszeit wieder auf: die Hegemonie im Mittelmeer und im Balkangebiet, was eine Infragestellung der nach dem Ersten Weltkrieg abgeschlossenen Friedensverträge bedeutete. Gleichzeitig unterhielt er gute Beziehungen zu Großbritannien, gegen das sich jede Veränderung des Status quo gerichtet hätte. Italien allein hatte nicht die Kraft, eine revisionistische Politik gegen die Siegermächte zu verfolgen. Eine derartige Politik hätte auch einen Zusammenstoß mit dem Völkerbund zur Folge gehabt, der 1919 gegründet worden war, um gewaltsame Veränderungen des Status quo zu verhindern. Um für seine Ziele ein weiteres Druckmittel zu haben, unterstützte Mussolini politisch und finanziell dem Faschismus nahestehende Bewegungen, wie die kroatische Ustascha, die österreichischen Heimwehren und einzelne Splittergruppen des antidemokratischen deutschen Lagers. Ein Sieg der ultranationalistischen, antisemitischen Ustascha, die einen autoritären Staat befürwortete, hätte die Auflösung Jugoslawiens bedeutet. Für das faschistische Regime wäre der Weg zum anderen Ufer der Adria frei geworden. Ein Österreich, in dem die autoritäre Regierung des Monsignore Ignaz Seipel und seiner christlichsozialen Partei einen faschismusnahen Kurswechsel herbeigeführt hätte, wäre eine gute Brücke für Italien gewesen, um ins Donaubecken vordringen zu können – dort war schon das von Italien unterstützte, parafaschistische Ungarn unter Admiral Horthy für eine Revision der Grenzen von 1918 tätig.

Im August 1923 wurde eine italienische Kommission, die damit beauftragt war, den Friedensverträgen gemäß die

Grenze zwischen Albanien und Griechenland zu ziehen, von einer Straßenräuberbande getötet. Diesen Zwischenfall benutzten die römischen Behörden als Vorwand, die Regierung in Athen der Mitverantwortung für den Überfall anzuklagen. Sie stellten ein Ultimatum, befahlen der Marine, die Insel Korfu zu besetzen und schlugen die Vermittlungsangebote des Völkerbunds aus. Paris und London griffen ein und zwangen die Faschisten, sich zurückzuziehen und auf die Annexion zu verzichten. Mussolini mußte seine Niederlage eingestehen, auch wenn die regimetreue Presse Frankreich, Großbritannien und den Völkerbund scharf kritisierte.

Nach der Krise von Korfu stellte sich Rom auf eine bescheidenere Rolle ein. Mussolini erklärte, daß der Faschismus ein typisch italienisches, nicht exportierbares Phänomen sei und stritt ab, daß er dessen Nachahmung begünstigen wolle. Am 27. Januar 1924 wurde der Streit um Fiume beendet und mit Belgrad ein Handelsabkommen abgeschlossen. Mit Großbritannien wurden vorteilhafte Verträge bezüglich der Grenzberichtigungen zwischen dem britischen und dem italienischen Somalia, sowie zwischen Libyen und Ägypten getroffen. Die Beziehungen zu Frankreich verschlechterten sich, da Paris sich weigerte, ähnliche Zugeständnisse zu machen. Außerdem ga-

Faschistischer Regierungsbau in Libyen

In verschiedenen Verkleidungen: In den Pontinischen Sümpfen …

rantierte Frankreich die Unabhängigkeit der Tschechoslowakei, Jugoslawiens, Polens und Rumäniens – das waren die Staaten, die durch die Friedensverträge entstanden waren oder sich vergrößert hatten und den italienischen Hegemonialplänen im Weg standen. Da das faschistische Italien sich auf Großbritannien stützte, schien es den Status quo zu akzeptieren. Am 7. Februar 1924 knüpfte es diplomatische Beziehungen mit der Sowjetunion und nahm am 16. Oktober 1925 am Vertrag von Locarno teil: Mit der Garantie Großbritanniens und Italiens verpflichteten sich darin Frankreich und Deutschland, die gemeinsamen Grenzen zu respektieren. In den folgenden zwei Jahren zeigte Italien jedoch erneut aggressive Tendenzen. Es unterstützte die ungarischen Forderungen gegenüber Siebenbürgen, das Rumänien zugefallen war. Albanien zwang es von 1926 bis 1927 ein Halbprotektorat auf. 1926 stellte Italien Ansprüche auf die türkische Küste des Ägäischen Meeres, die es angesichts der griechischen und türkischen Reaktionen und der Ermahnungen Londons zurücknahm.

Für die Zurückeroberung Libyens griff der Faschismus schließlich zu den Waffen. Die 1911 besetzte Kolonie war im

… mit der Spitzhacke …

Lauf des Ersten Weltkriegs fast gänzlich in die Hände der lokalen Obrigkeit zurückgefallen. Schon 1922 hatte das Kabinett Facta die Rückeroberung Tripolitaniens eingeleitet und eine Einigung mit dem »Senussen«, dem machthabenden politischen und religiösen mohamedanischen Oberhaupt der Cyrenaika erzielt. 1923 kündigte Mussolini dieses Abkommen und übertrug Rodolfo Graziani, einem faschismustreuen General, das militärische Kommando. Zehn Jahre waren nötig, um den Widerstand zu brechen. Graziani ergriff brutale Maßnahmen, wie die Deportation der zum großen Teil nomadischen Einwohner in Konzentrationslager, wo Zehntausende an Hunger und Krankheit starben.

Die Beziehungen zur katholischen Kirche

1926 wurde das Pressebüro des Regierungschefs eingerichtet. Besondere Aufmerksamkeit widmete es den Kommunikationsmitteln Radio und Kino. Sie waren von zentraler Bedeutung,

… und als Motorradfahrer

da die italienische Bevölkerung zum großen Teil auf dem Land lebte, und viele noch Analphabeten waren. Das 1924 entstandene Filminstitut »Luce« wurde 1925 zu einer öffentlichen Einrichtung und ab 1926 war die Projektion seiner Filme in allen Kinos Pflicht. Die wöchentlich produzierten »Lucefilme« wurden zu einem grundlegenden Propagandainstrument des Regimes, dessen Hauptdarsteller – mit berühmt gewordenen Bildern – Mussolini selbst war. 1927 wurde das *Comitato superiore* zur Aufsicht über die Radioprogramme eingerichtet. Das Sendemonopol wurde der *Ente Italiano Audizioni Radiofoniche* (EIAR) übertragen. Da es zu wenige Empfangsgeräte gab, wurden die Rundfunksendungen in Schulen und Versammlungsorten aller Art (vom Café bis zu verschiedenen Freizeiteinrichtungen) gemeinsam gehört.

Die Freizeitorganisierung war ein wichtiger Punkt: 1925 entstand die *Opera Nazionale del Dopolavoro*, um die Lücke zu füllen, die sich durch die Zerstörung des Vereinsnetzes der Arbeiterbewegung gebildet hatte. 1926 entstand das Nationalwerk der »Balilla«, das sich der Jugend von acht bis achtzehn Jahren annahm.

Filmvorführung vor dem Mailänder Dom

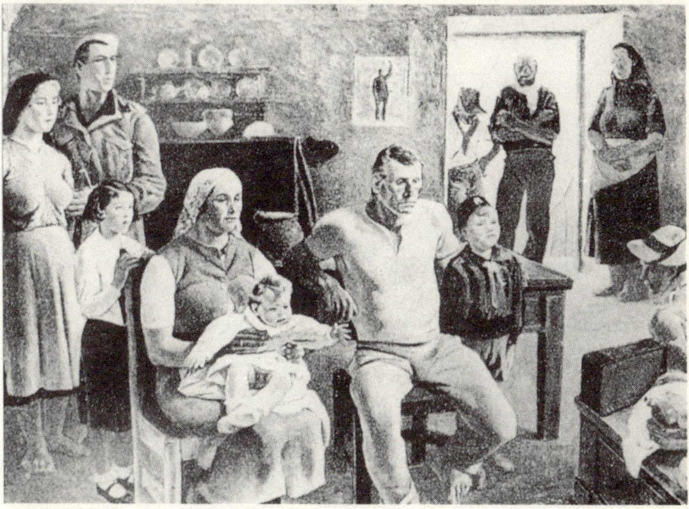

oben: Übertragung einer Rede des »Duce«
unten: Eine italienische Familie hört Radio (Propagandagemälde)

oben: Italienische Priester beim »Römischen Gruß«
unten: Ostern im faschistischen Italien: Mitglieder der »Piccole Italiane« entbieten für ein Osterei der Büste Mussolinis den faschistischen Gruß.

Der größte Erfolg des Faschismus bei der Herstellung des Konsenses war die Unterzeichnung der Lateranverträge mit der katholischen Kirche am 11. Februar 1929. Die Annäherung an die Kirche hatte 1922 begonnen. Seitdem hatte Mussolini ein besonderes Ohr für die Forderungen des Vatikans, z.B. wenn es sich darum handelte, die vatikanische *Banco di Roma* vor dem Konkurs zu retten, die öffentliche Schule durch das Staatsexamen mit der privaten gleichzustellen oder den Priestern im Wahlgesetz von 1928 einen Sonderstatus zu garantieren. Mussolini wollte in den Augen der Italiener als derjenige dastehen, der die »römische Frage« gelöst hatte, d.h. den in der Zeit der nationalen Einigung entstandenen und niemals geschlichteten Streit zwischen Staat und Kirche. Die Erhebung Achille Rattis (Papst Pius XI.) auf den Petrusstuhl hatte die Aufgabe des Duce erleichtert. Der Pontifex war ein Gegner des Liberalismus und Kommunismus, die er als dem Christentum entgegengesetzte Ideologien betrachtete. Daher hatte er nichts dagegen, sich mit dem Faschismus zu einigen, der wegen seines Autoritarismus zwar gefährlich, aber wenigstens antikommunistisch war.

Mit den Lateranverträgen wurde die katholische Kirche als souveräne staatliche Einrichtung (Vatikanischer Kirchenstaat) anerkannt und erhielt für die im Risorgimento erlittenen Gebietsverluste eine Entschädigung. Der katholische Charakter Italiens wurde erneut bestätigt und der laizistische Charakter der bürgerlichen Staatsordnung in wichtigen Punkten geschwächt. Mussolini willigte ein, Priester, die sich von der Kirche entfernt hatten oder von Kirchenstrafen betroffen waren, von staatlichen Aufgaben, insbesondere dem Unterricht, zu entbinden. Kirchlich geschlossene Ehen wurden anerkannt, in den höheren Schulen die Lehre der katholischen Doktrin eingeführt, die zur »Grundlage und Krönung der öffentlichen Erziehung« erklärt wurde. Schließlich bekam die *Azione Cattolica* (Katholisches Werk) eine weitreichende Autonomie zugesprochen. Der Staat bezahlte einen hohen Preis, aber die Verträge stärkten in kurzer Zeit den Faschismus auf internationaler und nationaler Ebene und förderten den Konsens der katholischen Massen. So daß – drei Tage nach der Unterzeichnung – Papst Pius XI. den Duce als den »Mann, den die Vorsehung auf unseren Weg gesandt hat« bezeichnete.

Fotomontage von John Heartfield in der »Arbeiter-Illustrierten-Zeitung« vom 22. 4. 1936

Aufgrund einer allgemeinen Expansion befand sich die italienische Wirtschaft in den ersten drei Jahren der Regierung Mussolini im Aufschwung, was sich in hohen Profiten sowohl in der Landwirtschaft (trotz des geringeren Zollschutzes) als auch in der Industrie bemerkbar machte. Vor allem wurde die italienische Wirtschaft durch den Export von Konsumgütern angekurbelt, der durch die Stagnation der Löhne, die Unterbewertung der Lira und der (freilich nur vorübergehenden) Möglichkeit begünstigt wurde, in Märkte hineinzukommen, die unter den Folgen des Krieges mehr zu leiden hatten (Territorien des ehemaligen österreichisch-ungarischen Reiches und Deutschland).

1925 erfolgte mit der Ersetzung Alberto De Stefanis durch Giuseppe Volpi, der die nationalen Schutzzölle auf Getreide und Zucker wieder einführte, eine Wende. Diesen Wechsel hatte die *Confindustria* gefordert, die den öffentlichen Schutz der eigenen Privatinteressen weiterhin »Freihandel« nannte und es für vordringlich hielt, das Bündnis zwischen Industrie und Großgrundbesitz zu festigen. Volpi war wenig an der Umstellung auf hochwertigere Produktion interessiert, die De Stefani mit seinen Zollsenkungen bewirken wollte. Dazu kam noch der faschistische Traum einer Nahrungsmittel-Autarkie. 1923 mußte trotz der ausgezeichneten Getreideernte ein Drittel des Bedarfs eingeführt werden. Unterstützt von den Gutsbesitzern startete das Regime die »Getreideschlacht«.

Durch den im Palazzo Vidoni geschlossenen Pakt und die gewerkschaftliche Gesetzgebung wurden der Arbeitsmarkt und die Lohndynamik der Kontrolle der Regierung unterstellt. Das war die Voraussetzung für Italiens Stabilisierungspolitik des Wechselkurses der Lira. Alle Regierungen glaubten, daß zur Bekämpfung der Nachkriegsinflation, von der – außer den Vereinigten Staaten – alle kriegsbeteiligten Länder betroffen waren, ein System fester Wechselkurse geschaffen werden sollte. Diese waren mit dem Goldstandard verankert und sollten somit die Parität von 1914 wieder herstellen, obwohl der internationale Finanzmarkt durch den Krieg völlig verändert worden war. Zwischen 1925 und den ersten Monaten des Jahres 1926 stabilisierten viele europäische Staaten ihre Wechsel-

In den trockengelegten Pontinischen Sümpfen. Auch hier: Mussolini als Erntehelfer

kurse. Italien, Frankreich und Belgien setzten auf eine gemäßigte Abwertung ihrer Währungen, indem sie die Ausfuhren begünstigten, ohne damit die einkommensstarken Schichten zu sehr zu schädigen. Die *Confindustria*, von nicht-exportierenden Sektoren geprägt, forderte eine deflationistische Politik und die Stabilisierung des Wechselkurses und verbündete sich mit den mittleren Angestellten, die die Inflation verunsichert hatte. Als im Juli 1926 die konservativen Regierungen in Brüssel und Paris ihre eigenen Währungen stabilisierten, folgten die faschistischen Behörden ihrem Beispiel. Am 18. August 1926 erklärte Mussolini in Pesaro, daß er den Wechselkurs zwischen Lira und Pfund regeln wolle. Im März 1927 wurde die Parität auf »Quote neunzig« festgesetzt, das Signal für eine äußerst harte Deflation.

Die exportabhängigen Unternehmer standen dieser Maßnahme reserviert gegenüber. Die Mehrheit wälzte die Erhöhung der Kosten durch Lohnkürzungen und Arbeitszeitverlängerungen auf die Löhne ab. Ausgerechnet in den Tagen, als die *Carta del Lavoro* angenommen wurde, begann die PNF eine Kampagne zur Kürzung der Löhne in Industrie und Landwirtschaft. Daß die deflationistische Politik nicht nur mit währungspolitischen Mitteln umgesetzt wurde, sondern auch mittels Lohnkürzungen bis zu 20%, die die Regierung angeordnet hatte, macht das faschistische Element der »Quote neunzig« aus. Die Operation hatte einen gewissen Erfolg, ihre sozialen Kosten waren jedoch enorm. Neben der Kürzung der Löhne gab es eine ruckartige Erhöhung der Arbeitslosigkeit, die im Herbst 1927 auf zehn Prozent stieg. Die Vorteile für die Wirtschaft des Landes – für die Unternehmer als soziale Gruppe stellte sich die Lage anders dar – waren ziemlich fragwürdig. Das Pro-Kopf-Einkommen stagnierte und der private Verbrauch wuchs nur gering. Da sich auch die Ausfuhren verringerten, gab es weniger Investitionsanreize, die jedoch aus einer Erhöhung der internen Nachfrage Gewinn gezogen hätten.

Propagandavignette: Die Aufwertung der Lira

1929–1935: Die Krise

Im Oktober 1929 brach in den Vereinigten Staaten die Weltwirtschaftskrise aus, die sich aufgrund der wirtschaftlichen und finanziellen Bindungen, die sich in den Jahren des Ersten Weltkrieges und der Nachkriegszeit zwischen den beiden Ufern des Atlantik gebildet hatten, sofort auf Europa ausdehnte. Die Investitionen der Vereinigten Staaten hatten bei der Stabilisierung der europäischen Währungen eine Schlüsselrolle gespielt. Ihre Rücknahme löste den Zusammenbruch vieler – besonders deutscher und österreichischer – Banken aus und bedrohte den eben wiederhergestellten Goldstandard. Die Schwere der Krise hing von mehreren sich überschneidenden Faktoren ab: die beschränkte interne Nachfrage und Kaufkraft trotz der starken Produktionskapazität, die Bedingungen, mit denen Europa durch die Friedensverträge neu organisiert wurde, die übermäßige Verschuldung der Unternehmen bei den Banken und der Banken selbst im Ausland, auf die sie zurückgegriffen hatten, um der Stagnation der Nachfrage abzuhelfen, und schließlich die oft uneffizienten wirtschaftspolitischen Maßnahmen der Regierungen.

Die internationale Warennachfrage und das internationale Zahlungssystem brachen zusammen. 1931 stellte Großbritannien die Goldparität ein; in kurzer Zeit verlor das Pfund etwa 30% seines Werts. Das Beispiel machte Schule, da jeder Staat versuchte, durch Abwertung die eigenen Ausfuhren anzuregen und die Einfuhren zu stoppen. Der Weltmarkt zerbrach in einzelne, in sich geschlossene Blöcke. Es bildete sich ein Pfund-Block, ein Dollar-Block und ein Block von Ländern, die der Goldparität treu blieben. Dieser Goldblock wurde von Frankreich, Belgien, den Niederlanden, Polen, der Schweiz und Italien gebildet.

Weg von den USA, näher zu Deutschland

In Italien stieg durch die Krise die Arbeitslosenquote um das Dreifache. Allein in der Industrie stieg sie von 300 000 im Jahr 1929 auf eine Million im Jahr 1932. Die Löhne sanken weiter: um 24% in der Landwirtschaft und um 15% in der Industrie. Das Regime unterstützte die Kürzungen der Unternehmer und nahm selbst noch weitere vor: die Preise der Agrarprodukte sanken fast um 40% (in der Industrie um 15%). Die Prozesse zur Verbesserung des Anbaus stagnierten wegen der Verringerung der Profitspannen. Die Lebensbedingungen der Bauern und lohnabhängigen Landarbeiter verschlechterten sich im Vergleich zu den Arbeitern in den Städten, was die Abwanderungsbewegungen in die Städte auslöste, die durch das Gesetz »gegen den Urbanismus« von 1931 gestoppt wurden. Die Schere, die sich zwischen den Agrar- und Industriepreisen geöffnet hatte, bewirkte die Verschiebung der Ressourcen von der Landwirtschaft in andere Wirtschaftsbereiche. Die Industrie profitierte von der Preissenkung der Rohstoffe und gewann wieder an Wettbewerbsfähigkeit. Sie stützte sich gern auf einen Staat, der ihr die Kontrolle der Löhne garantierte, Konzentrationen begünstigte und sie durch Zölle und Importbeschränkungen schützte.

1932 befand sich ein beachtlicher Anteil der Industrie unter staatlicher Kontrolle. 1931 wurde das *Istituto Mobiliare Italiano* (IMI) gegründet, um die Aktienpakete der geretteten Firmen aufzunehmen. 1933 entstand das *Istituto per la Ricostruzione Industriale* (IRI), an das die Eigentumspapiere übergingen. Von der IRI hingen mehr als 50% der Schwerindustrie ab (in einigen militärisch wichtigen Branchen bis zu 100%), 30% der Produktion elektrischer Energie, 15% der Textilproduktion, ein großer Teil des Telephonnetzes und die bedeutendsten Banken (*Credito Italiano, Banca Commerciale, Banco di Roma*).

Der Außenhandel ging zurück und die Import-Exportflüsse wechselten ihre Richtung. Bis 1929 waren der Hauptpartner Italiens die Vereinigten Staaten gewesen, nun trat Deutschland an deren Stelle. Italien exportierte typische Mittelmeerprodukte und halbverarbeitete Textilien und importierte Industriemaschinen und Energiestoffe (vor allem Kohle). Eine wichtige Rolle spielte damals schon der deutsche Tourismus.

Das alte Italien: Bauernfamilie im Jahre 1929

Rom und Berlin verfolgten unterschiedliche Währungspolitiken: Italien gehörte dem »Goldblock« an, Deutschland hatte die Goldparität der Mark aufgehoben und eine Kontrolle der Wechselkurse eingeführt, wobei Privatleuten der Besitz ausländischer Währungen verboten war. Damit die knappe Reserve der Reichsbank nicht aufgezehrt und der Außenhandel blockiert wurde, schloß Berlin Kompensierungsabkommen (Clearings)

Im Stahlwerk

mit handelsbereiten Ländern ab. Diese – üblicherweise bilateralen – Abkommen setzten den Wechselkurs zwischen den einzelnen Währungen fest und versuchten so, den jeweiligen Import-Export auszugleichen. Italien paßte sich an, indem es 1932 den ersten Vertrag dieser Art unterschrieb. Danach schloß es auch mit anderen Staaten Clearingabkommen, um die Importe nicht mit Gold bezahlen zu müssen.

Der Traum von der Autarkie

1934 befanden sich viele Staaten (Großbritannien, Schweden, die Vereinigten Staaten und – in einem besonderen Kontext – Deutschland) dank der angewandten Maßnahmen in einer Aufschwungphase. In Italien drückte die Überbewertung der Lira (60 Lire für ein Pfund Sterling) auf die Wirtschaft. Die industrielle Produktion stagnierte, die Arbeitslosigkeit war hoch und das Gold floß aus den Reserven der *Banca d'Italia*. Die Konvertierbarkeit der Lira war zu einem Hemmschuh der nationalen Wirtschaft geworden. Es bestand die Gefahr, daß sich die Goldreserven erschöpften, wenn die Parität beibehalten wurde. Die Behörden griffen in der schon bewährten Weise ein: diesmal kürzten sie den öffentlichen Angestellten die Gehälter. Im Mai 1933 mußte schließlich der Finanzminister Guido Jung die Kontrolle der Wechselkurse einführen, die 1934 dem ad hoc ins Leben gerufenen »Nationalen Wechselinstitut« anvertraut wurde.

Da das nationalistische Regime unfähig war, den Fetisch des Goldes aufzugeben, war eine expansive Wirtschaftspolitik nach englischem, schwedischem oder amerikanischem Modell für Italien nicht denkbar. Das hätte eine Abkoppelung von der Goldwährung, einen gemäßigten Protektionismus, ein kontrolliertes Anwachsen der Währungsmenge und die staatliche, auch durch das Defizit in der staatlichen Bilanz finanzierte, Unterstützung der Expansion bedeutet, um das Defizit in der staatlichen Bilanz auszugleichen. Das andere, langsamere Modell für den Aufschwung kam aus Deutschland. Es gründete auf öffentliche Investitionen: sie setzten auf den Wiederaufschwung der Schwerindustrie und der Infrastrukturen im Rahmen der Wiederbewaffnung, auf die Militarisierung der Arbeit zur Verringerung der Arbeitslosigkeit, die Kontrolle der Wechselkurse und die Unterstützung der Konzentrations- und Kar-

»In diesem Geschäft gibt es nur italienische Produkte«

tellisierungsprozesse. Italien entschied sich für das deutsche Modell, ohne es jedoch mit der gleichen Konsequenz zu verfolgen. Die Entscheidung, 1934 einen Krieg gegen Äthiopien vorzubereiten und deswegen die Waffenlager aufzufüllen, wurde in eine öffentliche Finanzierungspolitik umgesetzt, die für die Wirtschaft zwar stimulierend, jedoch im Grunde improvisiert war.

1935 kam mit der Wiederbewaffnung der Aufschwung. Zwischen 1936 und 1937 wurde die Arbeitslosigkeit teilweise aufgefangen, auch wenn sie auf dem Land, besonders im Nordosten, hoch blieb. Zur Vermeidung einer unkontrollierten Zunahme der Importe verfügte der Nachfolger Jungs im Finanzministerium, Admiral Paolo Thaon di Revel, 1935 ministerielle Genehmigungen für die Importeure. Schließlich sollte hauptsächlich mit Ländern gehandelt werden, mit denen ein Clearingabkommen bestand, was den Handelsaustausch mit Deutschland vergrößerte. Das »Aufsichtsamt für Wechselkurse und Währungen« wurde eingerichtet, um den Handel mit dem Ausland zu kontrollieren. 1937 wurde es zum Ministerium. Sein Leiter war Felice Guarnieri, Ökonom und Finanzier.

Der größte Teil des italienischen Außenhandels wurde also über das Clearingabkommen abgewickelt und die Goldparität hatte ihre Bedeutung verloren. Der »Goldblock« begann, auseinanderzubrechen. Im Frühjahr 1936 wertete Belgien seine Währung ab, und im Sommer 1936 folgten Polen, Frankreich, die Schweiz und die Niederlande diesem Beispiel. Am 5. Oktober 1936 paßte sich zuletzt auch Italien an: die Lira wurde um 40% abgewertet und man ließ ihren Wechselkurs mit einem Spielraum von 19% floaten.

Die Partei, der Staat und die Massenorganisationen

Am 8. Oktober 1930 wurde Giovanni Giurati zum Parteisekretär der PNF ernannt. Er sollte die Partei durch einen Reinigungsprozeß wiederbeleben und zumindest bis 1932 den 1926 eingeführten Aufnahmestopp beibehalten. Nur wer aus den Jugendorganisationen kam, konnte der Partei beitreten. Um die kommenden Generationen besser im Griff zu haben, wurde der Organisation der Balilla und den faschistischen Studentengruppen, *Gruppi Universitari Fascisti* (GUF), die *Fasci giovanili* zur Seite gestellt. Aufgabe der Universitäten war es, die zukünftigen Führungskräfte des Regimes heranzubilden; die Dozenten wurden gezwungen, einen Treueschwur auf den Faschismus zu leisten. Das entsprechende Dekret vom 28. August 1931 war eine Idee Giovanni Gentiles. Nur elf von über 1200 Professoren weigerten sich.

Der Versuch, die gesamte Jugend faschistisch zu indoktrinieren, insbesondere auch durch eine heftige Agitation gegen katholische Jugendfreizeiten und Vereine, stieß auf den Widerstand der Kirche, die keine Beschränkungen der Tätigkeit des Katholischen Werkes duldete. Am 2. September 1931 kam es zu einer Einigung. Das Katholische Werk hielt an seinem unpolitischen Status fest und verpflichtete sich, keine dem Regime feindlich gesinnten Personen unter seine Führungskräfte aufzunehmen. Der Staat versprach scheinbar nichts. Drei Monate später wurde Giovanni Giurati, der sich in der antiklerikalen Kampagne exponiert hatte, durch Achille Starace ersetzt.

Starace schlug einen anderen Weg ein. Er ließ neue Parteimitglieder zu, sanktionierte im neuen Statut der PNF vom 17. November 1932 die Verleihung der Anrede DUCE (mit Groß-

Mitglieder eines faschistischen Frauenverbandes

buchstaben) für Mussolini und übernahm selbst die Kontrolle der Berufsverbände der öffentlichen Angestellten. Am 17. Dezember wurde in einem Regierungsdekret festgelegt, daß sich bei Stellenausschreibungen für die staatliche Verwaltung nur Mitglieder der PNF oder seiner Jugendorganisationen bewerben durften. Sechs Monate später wurde diese Bestimmung auch auf lokale Einrichtungen und halbstaatliche Anstalten ausgedehnt. Der Parteiausweis wurde zum »Brotausweis«. Das Regime rationalisierte den Propagandaapparat. Das Pressebüro des Regierungschefs wurde in ein Staatssekretariat für Presse und Propaganda umgewandelt, das auch für die Filmproduktion und seit dem 1. April 1935 für die Theaterzensur und die Aufsicht über die Theater- und Musikveranstaltungen verantwortlich war. Eine Zuständigkeit, die sich bislang das Innenministerium, die Korporationen und das Erziehungsministerium geteilt hatten. Schließlich wurde am 24. Juni 1935 das Staatssekretariat in ein Ministerium umgewandelt, das ab 1937 Ministerium für »Volkskultur« genannt wurde. Das fügte sich in das Klima der vom Regime orchestrierten Kriegsvorbereitungen ein.

Ein entscheidender Schritt zur Faschisierung der Rechtsgrundlagen des teilweise noch von liberalen Prinzipien geprägten Staates war das Inkrafttreten des neuen Strafgesetzes und des Strafverfahrens am 1. Juli 1931, das mit dem Namen des Justizministers Alfredo Rocco verbunden ist. Im Mittelpunkt befanden sich nicht mehr die Rechte des Bürgers, sondern die Rechte der Organisationen, deren Mitgliedschaft bei den einzelnen vorausgesetzt wurde. Zuerst kam der Staat, dann die Sippe und die Familie. Als besonders schwerwiegend galten Vergehen gegen den Staat, die Meinungsäußerungen gegen das Regime enthielten. Das betraf auch »Vergehen gegen die Integrität der Sippe«, darunter die Werbung für Verhütungsmittel und deren Verbreitung. Die Strafprozeßordnung schränkte die Rechte der Verteidigung entschieden ein.

Der Korporationismus wurde erneut propagiert: Mit dem Gesetz vom 30. März 1930 wurde der in einem Dekret von 1926 vorgesehene Nationalrat der Korporationen neu organisiert. Er sollte die Wirtschaft koordinieren, und dabei jenen »dritten Weg« zwischen Kapitalismus und Sozialismus verwirklichen, den der Faschismus zu verfolgen behauptete. Dieser Nationalrat der Korporationen erfüllte freilich eine rein dekorative Rolle, indem er für die rhetorischen Übungen der politischen Philosophen, die Theoretiker der »faschistischen Mystik« und Forscher der »korporativen Wirtschaft« den Zitatgeber spielte. Die Korporationen wurden erst am 5. Februar 1934 eingerichtet. Es waren 22, die in Produktionssektoren unterteilt waren. Jede wurde zusammengestellt aus Vertretern der jeweiligen Organisationen der Unternehmer und Arbeiter. Sie hatten nur beratende Funktion, die Entscheidungen blieben der Regierung, den Ministerien und den traditionellen wirtschaftlichen und bürokratischen Machtzentren vorbehalten.

Kriegsspielzeug in einem Mailänder Kaufhaus

1935–1938: Die entscheidenden Schritte

Als Höhepunkt der zweiten Faschisierungsphase der Institutionen wurde am 24. März 1934 die Abgeordnetenkammer nach den Bestimmungen von 1929 gewählt. Der Große Faschistische Rat hatte die Einheitsliste aufgestellt und die Wähler erhielten zwei Wahlzettel, einen in der Farbe der Trikolore, auf dem »ja« aufgedruckt war, und einen grauen mit »nein«. Die Ergebnisse entsprachen den Erwartungen des Regimes: die Wahlbeteiligung lag bei 97% mit 15201 Gegenstimmen bei insgesamt 10061978 abgegebenen Stimmen.

Die Fassade eines römischen Palastes als gigantischer Wahlzettel: Propaganda für die Wahlen des Jahres 1934

Vor 1930 waren Mussolini und seine hohen Parteifunktionäre der Überzeugung, daß – außer es ergäbe sich eine vollständig neue Konstellation – wenig Möglichkeiten bestünden, die politische Karte Europas und die Einflußsphären Italiens zu verändern. Deswegen gab der Duce 1929 die militärischen Ministerien (Krieg, Marine und Luftfahrt) und das Außenministerium ab. Letzteres ging an Dino Grandi, der 1931 den Ausdruck des »entscheidenden Ausschlags« kreierte: Italien sollte sich von Verpflichtungen freihalten, um die Rolle des Züngleins an der Waage spielen zu können, sobald die Kräfteverhältnisse wieder in Bewegung gerieten. Eine alles andere als friedliche Perspektive.

Am 14. September 1930 ergab sich tatsächlich eine neue Konstellation: der Erfolg der nationalsozialistischen Partei bei den Wahlen in Deutschland. Mit über sechs Millionen Stimmen und 107 Abgeordneten (zuvor: 12) waren die Nationalsozialisten die zweitstärkste Partei im Reichstag geworden. Ein von einer nationalsozialistischen, revisionistischen und dem Faschismus nahen Rechten beherrschtes Deutschland war für Mussolini der langersehnte Hebel, mit dem er die europäische Ordnung umstürzen und seine Hegemonie im Mittelmeerraum, auf dem Balkan und im Donaubecken aufbauen konnte. Über den Major Giuseppe Renzetti, den Präsidenten der Vereinigung der italienischen Handelskammern in Deutschland, bahnte der Diktator eine parallele diplomatische Aktion an, die sich an die deutsche Rechte richtete. Der nächste nationalsozialistische Erfolg bei den Wahlen vom 31. Juli 1932 (die NSDAP erhält die relative Mehrheit) und ein scheinbar entferntes Ereignis überzeugten 1932 Mussolini und die anderen Führungskräfte des Regimes, daß die Zeit für ein imperialistisches Abenteuer gekommen sei. Gemeint ist der Einfall Japans in die Mandschurei, wobei es zu keinen nennenswerten Reaktionen des Völkerbunds, Großbritanniens und der Vereinigten Staaten gekommen war, die sich zur Verteidigung des Status quo in Ostasien zusammengeschlossen hatten. Bereits am 20. Juli 1932 hatte der Duce wieder das Amt des Außenministers übernommen und im Jahr darauf übernahm er auch erneut die militärischen Ministerien.

Am 30. Januar 1933 wurde Adolf Hitler deutscher Kanzler. In wenigen Monaten verwandelten die Nationalsozialisten die

Weimarer Republik in eine Diktatur, das »Dritte Reich«. Hitler hatte immer erklärt, daß er den Duce der Fasci bewundere und durch ihn inspiriert werde. Das politische Modell des Faschismus hatte erneut Schule gemacht, diesmal aber nicht in einem Land von geringem Gewicht und Ansehen (wie in Litauen unter Antanas Smetona, in Ungarn unter Miklós Horthy und in Portugal unter Antonio de Oliveira Salazar), sondern in einer der bedeutendsten europäischen Mächte.

Rom sah im nationalsozialistischen Deutschland einen destabilisierenden Faktor der europäischen Ordnung und war davon überzeugt, daß es die durch Hitler ausgelöste Beunruhigung in London und Paris ausnutzen könne, um für seine eigenen Expansionspläne freie Hand zu haben. Mussolinis Absicht war es, sich den Engländern und Franzosen als der Mann anzubieten, der als einziger in der Lage wäre, auf den Nationalsozialismus eine mäßigende Wirkung auszuüben, wenn nicht sogar dessen kriegerische Absichten zu bremsen.

Im März 1933 schlug der Duce ein Abkommen zwischen Frankreich, Deutschland, Großbritannien und Italien (»Viererpakt«) vor, mit dem Ziel, eine Art europäisches Direktorium zu

Fackelzug am 30. Januar 1933 durch das Brandenburger Tor in Berlin

bilden. Die Sowjetunion, die die Isolierung fürchtete, und die kleineren Mächte – allen voran Polen –, die an der Erhaltung des Status quo interessiert waren, übten auf London und Paris Druck aus, nichts zu unternehmen. Der »Plan Mussolini«, wie ihn die faschistische Presse nannte, wurde am 15. Juli unterzeichnet, aber das französische und englische Parlament weigerten sich, ihn zu ratifizieren.

Aus der Errichtung eines autoritären und aggressiven Regimes in Deutschland ergaben sich für Italien besonders wegen Südtirol Probleme. Am Ende des Ersten Weltkriegs durfte Italien aus militärischen Gründen die Grenze – sie sollte mit der Wasserscheide zusammenfallen – zwischen Italien und Österreich am Brenner ziehen. Ganz Südtirol mit seiner großenteils deutschen Bevölkerung kam zum italienischen Königreich. Bei der Machtergreifung durch die Faschisten, Bannerträger eines intoleranten Nationalismus, wurden die Südtiroler einem Denationalisierungsprozeß und einer erzwungenen Italianisierung unterworfen. Das Gebiet wurde »Alto Adige« genannt, die Namen der Städte, Dörfer, Flüsse und Berge wurden »italianisiert« und die deutsche Sprache wurde aus den Schulen und öffentlichen Ämtern verbannt. Das kleine Österreich war nicht imstande, sich dem zu widersetzen. In Deutschland hatte es nicht an Protesten gefehlt, aber solange in Berlin demokratische Kräfte regierten, hatte das Problem noch keine unlösbaren Spannungen hervorgerufen. Erst mit der nationalsozialistischen Machterhebung änderte sich die Situation.

Am 25. Juli 1934 wurde bei einem versuchten Staatsstreich der österreichische Kanzler Engelbert Dollfuß, Leiter einer klerikalen Regierung, getötet. Sein Nachfolger wurde Kurt von Schuschnigg, der bereits Mitglied der Regierung war. Mussolini reagierte auf den Putsch, indem er Land- und Luftstreitkräfte mobilisierte, am Brenner Truppen konzentrierte und Schuschnigg seine Unterstützung und Solidarität garantierte. Ein großer Teil der europäischen öffentlichen Meinung sah in dem Vorfall einen schweren Bruch in den deutsch-italienischen Beziehungen. Hitler jedoch stritt ab, an dem Staatsstreich beteiligt gewesen zu sein, er verurteilte ihn sogar. Die Abkühlung der politischen Beziehungen hinderte jedoch die Machthaber in Rom und Berlin nicht daran, einige Monate später wichtige Handelsabkommen zu unterzeichnen.

Erstaunlicherweise hatte die faschistische Führungsgruppe Italiens weder vor noch nach dem 25. Juli 1934 bemerkt, daß die Hegemoniepläne für die Donau- und Balkangebiete ein zukünftiges Streitobjekt zwischen Faschismus und Nationalsozialismus bilden könnten. 1932 hatte Italien die Propaganda für eine Revision der Friedensverträge wieder aufgenommen, 1934 eine Pressekampagne gegen Jugoslawien entfesselt und wieder die Karte des Separatismus der Ustascha gespielt. Die Beziehungen zu den revisionistischen Ländern Ungarn und Bulgarien wurden gefestigt. Ungarn stellte Gebietsansprüche an Jugoslawien, die Tschechoslowakei und Rumänien, die auf das Banat, das subkarpatische Ruthenien und Transsilvanien abzielten. Bulgarien ging wegen Thrakien und Mazedonien gegen Griechenland und Jugoslawien vor. Ihre Abmachungen mit Rom gefährdeten den Status quo und alarmierten die potentiellen Opfer: Eine Alarmstimmung, die durch das Attentat vom 9. Oktober 1934 in Marseille verstärkt wurde, bei dem der jugoslawische König Alexander I. und der französische Außenminister Louis Barthou den Tod fanden. Vollstrecker des Attentats war ein Militant der mazedonischen Separatistenbewegung Vnatrešna Makedonska Revolucionerna Organizacija (VMRO), die nachgewiesenermaßen Verbindungen zu Sofia, Rom und der Ustascha hatte. Die internationale öffentliche Meinung ging davon aus, daß das Attentat von Italien aus mit Unterstützung der Obrigkeit organisiert worden war. Nicht zuletzt wegen der italienischen Weigerung, die bekannten Ustascha-Führer Ante Pavelic und Slavko Kvaternic nach Frankreich auszuliefern. Sie wurden von der Turiner Polizei festgehalten und dann wieder freigelassen.

Der Überfall auf Äthiopien

Seit dem letzten Jahrzehnt des 19. Jahrhunderts hielt Italien Eritrea und Somalia besetzt. Die an diese zwei Territorien angrenzende Hochebene Äthiopien war schon einmal das Ziel eines Eroberungsversuches gewesen, der 1896 mit dem militärischen Desaster von Adua geendet hatte. Es war der einzige afrikanische Staat, außer Liberia, der noch seine Unabhängig-

Schwarzhemden vor dem Aufbruch nach Äthiopien

keit bewahrt hatte. Seine Bewohner waren vorwiegend Wanderhirten, die wegen ihrer Sprache und Religion (monophysitische koptische Christen und Moslems) verschiedener ethnischer Herkunft waren. Äthiopien war eine feudale Monarchie unter einem Kaiser, dessen Titel Negus Neghesti, König der

Könige, war. Seit 1930 herrschte in Addis Abeba der Kaiser Haile Selassie.

Für Mussolini und seine Parteifunktionäre hätte die Herrschaft über Äthiopien eine Stärkung des »mannhaften« und kriegerischen Bildes des Regimes bedeutet. Es hätte den Unterschied zur liberalen Truppe der *Italietta*, wie die Faschisten die Liberalen zu bezeichnen pflegten, deutlich gemacht, die von den schlecht bewaffneten Horden des Kaisers Menelik in Adua besiegt worden war. Auch wäre es ein erster Schritt gewesen, um wieder über die Einflußsphären – die kolonialen und anderen – unter den Großmächten zu diskutieren. Wirtschaftliche Interessen standen an zweiter Stelle.

Von Juli 1934 bis September 1935 erfolgten diplomatische Manöver und militärische Vorbereitungen. Mussolini versuchte, die Zustimmung Frankreichs und Großbritanniens zu bekommen und profitierte von jedem kleinsten Grenzzwischenfall, um in Italien ein Klima nationalistischer Erregung herzustellen und immer mehr Soldaten zu mobilisieren. Die Wirtschaft wurde im Hinblick auf den Krieg durch eine Reihe von Maßnahmen neu organisiert, die später nicht wieder aufgehoben wurden. Am 31. Juli 1935 wurden strategisch wichtige Rohstoffe wie Kohle, Kupfer, Zinn und Nickel staatlich monopolisiert. Es wurde das »Allgemeine Kommissariat für die Kriegsproduktion« eingerichtet, dessen Gerichtsbarkeit sich auf 876 Fabrikanlagen und 580 000 Arbeiter erstreckte.

England und Frankreich wären im Prinzip bereit gewesen, den imperialistischen faschistischen Ansprüchen entgegenzukommen, wobei sie hofften, daß das Regime Mussolinis – einmal zufriedengestellt – von einem weiteren Revisionismus absehen würde. Doch es ergab sich ein Problem: Italien und Äthiopien waren Mitglieder des Völkerbunds. So schwach er auch war, so konnte man doch nicht akzeptieren, daß eines seiner Mitglieder ein anderes annektierte. Darüber hinaus gab es in der internationalen öffentlichen Meinung bereits eine große Kampagne zugunsten Äthiopiens. Rom hätte vorteilhafte Grenzberichtigungen zwischen Äthiopien und den eritreischen und somalischen Kolonien aushandeln können und vielleicht eine Art Protektorat über die Haile Selassi verbliebenen Gebiete, aber die Kriegsmaschinerie war bereits in Gang. Sie aufzuhalten und sich nur mit einem Teilergebnis zu begnügen, hätte für

Mussolini eine Niederlage bedeutet. Am 3. Oktober 1935 drangen die Streitkräfte des italienischen Königreiches in äthiopisches Gebiet ein.

Der Feldzug dauerte, trotz der Überlegenheit der italienischen Armee, die auch über eine wirksame Luftwaffe verfügte, und der falschen Strategie der Äthiopier, die versuchten, statt die Taktik der Guerrilla zu wählen, sich dem Feind auf offenem Feld entgegenzustellen, sieben Monate. Der Widerstand des Heeres von Haile Selassi und die Unsicherheiten der italienischen Führung bewirkten, daß der Marschall Pietro Badoglio, Kommandant der königlichen Truppen, erst am 5. Mai in Addis Abeba einzog. Am 9. Mai verkündete Mussolini »das Wiedererscheinen des Imperiums auf den schicksalhaften Hügeln Roms« und verlieh Vittorio Emanuele III. von Savoyen den Titel des äthiopischen Kaisers.

Um den Widerstand der Äthiopier zu brechen, bombardierten die Italiener Dörfer und Städte und verwendeten – auf Befehl Mussolinis – Giftgas, obwohl dies laut der internationalen Genfer Konvention von 1929, die Italien unterzeichnet hatte,

Mitglieder einer faschistischen Jugendorganisation verfolgen auf einer Karte den Verlauf des Äthiopienfeldzuges

verboten war. Auch nach dem Fall der Hauptstadt und der Städte kämpften die Truppen des kaiserlichen Heers unter ihren lokalen Führern, den Ras, auf dem Land weiter. Die »Befriedung« des Gebietes erforderte achtzehn Monate und wurde von General Rodolfo Graziani, dem ersten Gouverneur der neuen Kolonie, mit erschreckender Härte durchgesetzt. Nach der Einnahme Addis Abebas hatte Mussolini verfügt, daß jeder bewaffnete Äthiopier sofort erschossen würde: auch die Zivilbevölkerung war von der Unterdrückung nicht ausgeschlossen. Nach einem Attentatsversuch gegen Graziani am 19. Februar 1937 in Addis Abeba, das von äthiopischen Kämpfern organisiert worden war, entfesselten die Eroberer ein wahres Pogrom gegen die Eingeborenen. Sie durchquerten ihre Quartiere, plünderten sie und legten sie in Feuer und Asche. Graziani beschloß, die lokale *intelligencija*, einen potentiellen Oppositionsherd, auszurotten. Hunderte christlich-koptischer Mönche und alle Kadetten der Militärakademie von Addis Abeba wurden getötet. Viele Guerrillaführer, die sich ergeben hatten, wurden, entgegen den Versicherungen der italienischen Behörden, exekutiert.

Während Mussolini und seine Generäle Äthiopien mit Methoden »befriedeten«, die denen, die später Adolf Hitler anwandte, in nichts nachstanden, hätte ein Teil der internationalen öffentlichen Meinung gerne eine britische militärische Intervention als Antwort auf die italienische Aggression gesehen. Dieser Plan traf bei den drei in Westminster vertretenen Parteien auf Zustimmung, trotz der vielen unter Labouristen, Liberalen und Konservativen vertretenen Pazifisten. Doch die Regierung in London beabsichtigte nicht, über den politischen und wirtschaftlichen Druck auf Italien hinauszugehen. Der Völkerbund setzte wirtschaftliche Sanktionen gegen Italien fest, die am 11. Oktober fast einstimmig angenommen wurden. Nur Österreich, Ungarn und Albanien, die Italien politisch nahestanden und wirtschaftlich von ihm abhängig waren, distanzierten sich. Es wurde beschlossen, Importe aus Italien und Exporte nach Italien, bei denen es sich um kriegerische Produkte handelte, mit einem Embargo zu belegen und Italien jeglichen Kredit zu verweigern. Das Erdöl, ein Rohstoff von großem strategischen Wert, war davon ausgenommen.

Daß drei Mitglieder des Völkerbundes die Sanktionen nicht anwandten, machte sie weniger wirkungsvoll. Außerdem

Die Wirkungslosigkeit der Völkerbundsanktionen: italienische Propagandakarikatur

gab es zwei enorme Lücken im Embargo: Deutschland und die Vereinigten Staaten. Washington war nie dem Völkerbund beigetreten, Deutschland war 1933, wenige Monate nach dem Aufstieg der Nationalsozialisten zur Macht, wieder ausgetreten.

Die amerikanische Regierung brach trotz ihrer Ablehnung autoritärer Regimes die wirtschaftlichen Beziehungen zu Italien nicht ab, zumal sie nach der Weltwirtschaftskrise wieder einen Aufschwung genommen hatten. Die deutsche Regierung sah in der Äthiopienkrise eine gute Gelegenheit, die römische Regierung an sich zu binden: sie trieb die Intensivierung der wirtschaftlichen Beziehungen zu Italien voran. Hitlers Entscheidung, den Verkauf moderner Waffen an Äthiopien zu erlauben – es waren zu wenig, um den Ausgang des Krieges zu beeinflussen – muß in diesem Kontext gesehen werden. Je schwieriger es für Italien wurde, seine Eroberungsträume zu verwirklichen, um so notwendiger wurde es, sich auf Deutschland zu stützen.

Die äthiopischen Ereignisse waren für Berlin der Beweis, daß die Schutzmächte des Status quo nicht bereit waren, ihn zu verteidigen. Die Nationalsozialisten zogen die entsprechenden Konsequenzen daraus, indem sie die Rheinlandfrage mit

Reise Mussolinis nach Äthiopien im Jahre 1937: Der »Duce« mit dem »Schwert des Islam«

Eine Römerin wirft ihren Trauring in die rauchende Urne auf dem »Altar des Volkes«

einem Handstreich lösten: Nach dem Versailler Vertrag hätte das Rheintal, eines der industrialisiertesten Gebiete Europas, entmilitarisiertes Gebiet bleiben sollen. Am 7. März 1936 fiel das Hitlersche Heer dort ein und erreichte in wenigen Stunden die Grenze zu Frankreich, das zwar protestierte, aber seine Truppen nicht bewegte. Für die 1919 entstandene europäische Ordnung hatte der Anfang vom Ende begonnen.

Die Sanktionen gegen Italien machten sich wirtschaftlich nicht sonderlich bemerkbar. Eine entscheidendere Auswirkung hatte die erneute Verringerung der Goldreserven, verursacht durch den internationalen Kreditstopp, wodurch Italien gezwungen war, die militärischen Investitionen einzuschränken. Der Rückgang des Außenhandels bewirkte einen Inflationsanstieg, der auch mit dem Mißverhältnis zwischen umlaufender Geldmasse und verfügbarer Warenmenge zusammenhing. Um dem Preisanstieg zu begegnen, beschloß die Regierung, einen Teil der Liquidität durch Steuererhöhungen einzufrieren. Es fiel dem Regime leicht, dem Völkerbund und insbesondere Großbritannien, die Verantwortung für diese auf den Konsum zurückwirkenden Maßnahmen zuzuschieben. Die nationalistische Propaganda, die die Kriegsvorbereitungen begleitet hatte, versuchte nun, die gesamte italienische Bevölkerung für den Faschismus und seinen Führer zu mobilisieren. Die Sanktionen im Herbst 1935 wurden von der Kampagne »Gold fürs Vaterland« begleitet, die in der öffentlichen Übergabe von 100 000 Trauringen gipfelte. Am 23. März 1936 verkündete Mussolini die Errichtung der »Autarkie-Wirtschaft«. Die propagandistischen Anstrengungen des Regimes hatten Erfolg. Während des Äthiopienkrieges und der folgenden zwei Jahre war der Konsens der Italiener ziemlich hoch: Der spürbare Rückgang der Arbeitslosigkeit und die ausdrückliche Unterstützung der katholischen Kirche trugen dazu bei.

Am 16. Juli 1936 hob der Völkerbund seine Sanktionen auf und beugte sich den Tatsachen, was zu einem großen Mißverständnis führte: Für Frankreich und Großbritannien handelte es sich um ein außergewöhnliches, einmaliges Zugeständnis an das faschistische Italien: es war eine Konzession, damit es, in seinen imperialistischen Ansprüchen befriedigt, von der Idee Abstand nahm, die Verträge zu revidieren. Für Mussolini dagegen war es ein Beweis, daß seine Taktik funktionierte. Er hatte nicht die Absicht aufzuhören, er war nur bereit, sich zu gedulden, bis zur nächsten günstigen Gelegenheit.

Der Spanische Bürgerkrieg: Italien ergreift Partei

Am 9. Juni 1936 ernannte Mussolini seinen Schwiegersohn Galeazzo Ciano zum Außenminister, der damals eine enge Beziehung zu Deutschland befürwortete. Wenige Wochen später bot der Spanische Bürgerkrieg Rom und Berlin eine neue Gelegenheit, sich in Eintracht zu üben.

Nach einer Phase politischer Instabilität hatte sich Spanien 1931 eine republikanische Verfassung gegeben. Die Rechte, die Monarchisten, Befürworter eines klerikalen und autoritären Staates und Bewunderer des Faschismus miteinschloß, war sehr stark. Ihr stand eine kämpferische Linke gegenüber, die in verschiedene Formationen gegliedert war. Nachdem sie sich in der Volksfront vereint hatte, gewann die Linke die Wahlen vom Februar 1936. Wenige Wochen später, am 26. April und am 3. Mai 1936, würde eine ähnliche Koalition in Frankreich triumphieren. Die Idee zur Volksfront, einem Bündnis der antifaschistischen Kräfte, war auf dem VII. Kongreß der Kommunistischen Internationale im August 1935 entstanden. Ähnliche Überlegungen hatten in den vorangegangenen Monaten die sozialistischen Parteien und Gruppierungen demokratisch-liberaler Richtung entwickelt.

Am 16. Juli 1936 erhob sich ein Teil der Streitkräfte gegen die republikanische Regierung in Madrid. Die Rebellen wurden von vier Generälen angeführt, unter ihnen Francisco Franco Bahamonde, der das Land bis zu seinem Tod 1975 führen würde. Nach außen hin handelte es sich um einen Militärputsch (*pronunciamento*), aber hinter Franco stand die gesamte Rechte, einschließlich der Kirche. Weder gelang es den Aufständischen, sofort die Macht zu ergreifen, noch hatten die Republikaner, eine breite Front, die sich aus der demokratisch-liberalen Linken und den Anarchisten zusammensetzte, die Kraft, sie niederzukämpfen. Es begann ein langer Bürgerkrieg.

Italien intervenierte an der Seite der Franquisten, wie die Rebellen genannt wurden, und schickte große Waffenmengen und Soldaten (anfänglich über 40 000) nach Spanien. Deutschland stellte Flugzeuge und Piloten, wie Bewaffnungen aller Art zur Verfügung. Unter den Freunden der Republik sandte nur die Sowjetunion Nachschub, trotz der Schwierigkeiten, die sich aus der geographischen Entfernung ergaben. Frankreich und Großbritannien hielten sich an die Politik des Nichteingreifens, die sie im August 1936 vereinbart hatten. Die breite internationale öffentliche Meinung stand auf der Seite der Republik. In vielen Ländern bildeten sich Freiwilligenformationen, um mit der Volksfront zu kämpfen. Tausende, unter ihnen viele Intellektuelle und Künstler, schlossen sich an. Unter den ersten, die zur Unterstützung der Republikaner nach Spanien kamen, befanden sich italienische Antifaschisten und deutsche Nazigegner im Exil. In der Schlacht von Guadalajara im März 1937 standen sich zum ersten Mal italienische Faschisten aus den Einheiten der Miliz, die Mussolini nach Spanien geschickt hatte, und italienische Antifaschisten aus den Internationalen Brigaden im Kampf gegenüber. Die letzteren siegten. Außer der militärischen Bedeutung hatte die Schlacht einen großen symbolischen Wert. An der Front, die Spanien zerteilte, befanden sich die beiden Lager, die auch Europa und die Welt teilten: Faschisten und Antifaschisten.

Was Italien und Deutschland zum Eingriff an der Seite Francos trieb, waren politische Einschätzungen, praktische Überlegungen, ideologische Gründe, darunter der Antibolschewismus, der Wille, den französisch-britischen Einfluß im Mittelmeerraum zu verringern und der Wunsch, sich die Kontrolle über die spanischen Rohstoffe zu sichern. Der Krieg endete erst im März 1939 mit dem Sieg der Franquisten. Nun waren der italienische Faschismus und der deutsche Nationalsozialismus auch formal verbündet. Sechs Monate später würde der Zweite Weltkrieg beginnen.

Die »Achse« Rom–Berlin

1936 schlossen Italien und Deutschland mehrere Abkommen, um eine reguläre Allianz zu bilden. Die Bündnisse auf wirtschaftlichem Gebiet wurden durch das globale Clearingabkommen vom 16. April 1935 perfektioniert. In nur vier Jahren sollte der Anteil der nach Italien importierten deutschen Waren an den im Ausland erworbenen Gütern von 18% auf 29% steigen. Im April 1936 unterzeichneten Arturo Bocchini, der italienische Polizeichef, und Heinrich Himmler, SS-Reichsführer und Leiter der deutschen Polizei, einen Pakt gegenseitiger Hilfe bei der Unterdrückung ihrer Gegner. Am 23. Oktober unterzeichneten die Außenminister Galeazzo Ciano und Konstantin von Neurath ein Protokoll, das die formale Anerkennung der italienischen Herrschaft über Äthiopien von deutscher Seite

enthielt, die Form der gemeinsamen Unterstützung der spanischen Franquisten festsetzte und die Absicht der beiden Staaten, den »Bolschewismus« und die Sowjetunion zu bekämpfen, erneut bekräftigte. Es bestätigte in allgemeiner Form, daß die beiden Parteien im Donau-Balkangebiet wirtschaftlich zusammenarbeiten würden und nahm das österreichisch-deutsche Abkommen vom 11. Juli zur Kenntnis.

Auf den Rat Mussolinis hatte Kurt von Schuschnigg akzeptiert, das gemeinsame Deutschtum zur Grundlage der Beziehungen zwischen Österreich und Deutschland zu machen, wobei er gleichzeitig Berlin das Versprechen abrang, sich nicht in die internen österreichischen Angelegenheiten einzumischen. Mit dieser zweideutigen Formel schien es, daß die österreichische Unabhängigkeit von dem guten Willen der Deutschen abhinge. Die italienischen Ratschläge standen im Widerspruch zu dem oft wiederholten Ansinnen, die Existenz eines unabhängigen Österreichs zu garantieren. Aber Mussolini wollte in diesem Moment vor allem eine Einigung mit Hitler erzielen. Für ihn standen taktische Überlegungen immer an erster Stelle.

Am 1. November 1936 verkündet der Duce der Welt die Gründung der »Achse« zwischen Berlin und Rom, um die die europäische Politik sich drehen würde. Eines der vielen Bilder, die seine Reden schmückten. Aber in diesem Fall drückte er etwas aus, dessen schwerwiegenden Folgen ihm zumindest teilweise entgingen. Auf innenpolitischer Ebene traf die Verkündung der Achse mit dem Versuch zusammen, eine »totale« (der Begriff wurde gerade von der Propaganda eingeführt) Kontrolle über die Gesellschaft zu erlangen. Der Kampf gegen die Gegner in der Heimat und im Ausland bekam neue Impulse. Der bezeichnendste Vorfall war die Ermordung der Brüder Carlo und Nello Rosselli, Anführer der antifaschistischen Bewegung *Giustizia e Libertà*, am 9. Juni 1937 in Frankreich, wo sie im Exil lebten. Das Regime verstärkte seine Präsenz unter den Jugendlichen und schuf am 27. Oktober 1937 die *Gioventù Italiana del Littorio* (GIL), die für die militärische Schulung der Jugend verantwortlich war. Kurz davor, am 1. Juni, war, wie schon erwähnt, das Ministerium für Presse und Propaganda in »Ministerium für Volkskultur« umbenannt worden. Am 24. September 1937 wurde die Monumentalausstellung über das Rom der Kaiserzeit und die antike Römerwelt eröffnet. Zusammen mit vielen anderen kleineren Initiativen sollte sie zur Bildung einer dem Regime entsprechenden nationalen Identität beitragen.

Ein wichtiger Schritt in Richtung einer vollendeten »totalen« Ordnung war die Abschaffung der Abgeordnetenkammer,

Rom-Mythos: Mussolini mit den Symbolen des römischen Staates

die durch eine Kammer der Fasci und Korporationen ersetzt wurde. So wurde das letzte Relikt des Wahlprinzips, das bereits durch das Trugbild des Wahlgesetzes von 1928 eingeschränkt worden war, beseitigt. Wer eine Führungsrolle in den Spitzenorganen des Regimes einnahm, wurde automatisch Mitglied der neuen Kammer. Wurde jemand in seiner Funktion ersetzt, verlor er auch seinen Sitz in der Kammer. Die Unterscheidung zwischen Legislative und Exekutive war damit aufgehoben. Das Gründungsgesetz der neuen Kammer wies ihr allein die Aufgabe zu, mit der Regierung bei der Abfassung der Gesetze »zusammenzuarbeiten«. Den Vorrang behielt jedoch die Exekutive, die mit dem Willen des »Duce des Faschismus. Regierungschef« gleichgesetzt wurde. Diese Verfügungen traten erst am 19. Januar 1939 in Kraft. Die Ernennung einer Kommission, die »Vorschläge bezüglich der Zusammensetzung und des Funktionierens der neuen Kammer der Fasci und Korporationen vorbringen« sollte, wurde am 18. November 1936 (17 Tage nach der Ausrufung der Achse durch Mussolini) vom Großen Faschistischen Rat beschlossen.

Die antisemitische Gesetzgebung von 1938

Am 16. Februar 1938 wurde in der Nummer 14 des Amtsblattes *L'informazione diplomatica* eine nicht unterzeichnete, aber von Mussolini verfaßte Notiz veröffentlicht. Dort wurde dementiert, daß die italienischen Behörden »eine antisemitische Politik einführen« wollten, es wurde jedoch bestätigt, daß die Regierung beabsichtigte, »dahin zu wirken, daß der Anteil der Juden am Gesamtleben der Nation nicht überproportioniert zu den Verdiensten der Einzelnen und der zahlenmäßigen Bedeutung ihrer Gemeinde sei«: eine bedeutungsvolle Ankündigung. Am 14. Juni wurde das Dokument »Der Faschismus und das Rassenproblem« verbreitet, das einer Gruppe faschistischer Wissenschaftler zugeschrieben wurde, aber von Mussolini selbst verfaßt oder zumindest von ihm durchgesehen war. Dort wird behauptet, daß die »Rassen eine Realität seien, die auf der Biologie gründe«, daß es eine »reine italienische Rasse« arischen Ursprungs gäbe und »die Juden der italienischen

»Dieses Geschäft ist arisch«
Schaufensteraushang in Mailand nach Verkündung der antisemitischen Gesetze

Rasse nicht angehörten«. Der Text schließt mit der Verurteilung jeglicher »Rassenvermischung«. Am 5. August bestätigte die Nummer 18 der *L'informazione diplomatica*, daß der Faschismus immer rassistisch gewesen sei und daß es notwendig sei, in den Italienern ein starkes »Rassenbewußtsein« zu bilden, das fähig sei, das italienische Geschlecht vor dem »katastrophalen Übel des Mischlingtums« zu schützen. Schließlich sollte die »Teilnahme der Juden am Staatsleben« dem proportionellen Verhältnis zwischen der jüdischen Minderheit und der nationalen Gemeinschaft »angepaßt« werden.

Im August gab es Verhandlungen mit dem Vatikan, der einer diskriminierenden Gesetzgebung gegen die Juden zustimmte, auch wenn er mit dem offenkundigen Rassismus nicht einverstanden war. Anfang September wurden fünf Maßnahmen verkündet. Die erste bestimmte die Ausweisung (innerhalb von sechs Monaten) aller ausländischen Juden, die sich nach dem 1. Januar 1933 in das nationale Territorium, einschließlich der Kolonien, begeben hatten. Die zweite und dritte verfügte die Einrichtung eines Obersten Rats für Demographie und Rasse im Innenministerium und die Umwandlung des zentralen demographischen Büros in diesem Ministerium in die Generaldirektion für Demographie und Rasse. Die vierte verfügte den Ausschluß der Juden – Lehrer und Schüler – aus allen staatlichen Schulen. Für die kleinen Kinder bestand die einzige Bildungsmöglichkeit in den nur Juden vorbehaltenen Grundschulen, die durch die letzte Maßnahme eingerichtet wurden. Am 22. August 1933 gab es eine erste Zählung der Juden in Italien. In jedem Polizeipräsidium wurden Listen mit den in den Provinzen gemeldeten Juden zusammengestellt.

Mit den Septemberdiskriminierungen war das Problem jedoch noch nicht beendet. Es folgten Erklärungen Mussolinis, Stellungnahmen des Großen Faschistischen Rates und der PNF und neue Kontakte mit dem Vatikan. Noch einschränkendere Maßnahmen wurden Anfang November getroffen: Mischehen wurden verboten, es kam zum Ausschluß der Juden aus der PNF, die Ausübung zahlreicher Aktivitäten im Handel und in den Unternehmen wurde Juden ebenso untersagt wie die Arbeit in der öffentlichen Verwaltung. Für die Träger von Kriegsauszeichnungen, Mitglieder der Fasci, die noch aus der Zeit vor dem 28. Oktober 1922 (»vor dem Marsch«) stammten und für »Personen in weiteren besonderen Situationen«, wurden zahlreiche Ausnahmen festgesetzt. In wenigen Monaten wechselten die Juden aus der Gruppe der Staatsbürger mit allen Rechten in eine diskriminierte Minderheit, bis sie schließlich zu einer verfolgten Gruppe wurden.

Jüdische Zwangsarbeiter in Rom

1938–1940: Auf die Katastrophe zu

Im Kielwasser Hitlers

Im November 1937 trat Italien dem antisowjetischen Anti-Kominternpakt bei, der 1936 von Berlin und Tokio unterzeichnet worden war. Am 11. Dezember schied Italien aus dem Völkerbund aus. Kurz danach wurde die österreichische Frage wieder akut. Nachdem Schuschnigg versucht hatte, das Gespenst des Anschlusses durch ein Plebiszit abzuwenden, hatte Hitler den österreichischen Kanzler gezwungen, seine Regierung Vertretern der lokalen nationalsozialistischen Verbände zu öffnen. Kaum hatte der neue Innenminister, der österreichische Nationalsozialist Arthur von Seyß-Inquart, sein Amt angetreten, appellierte er an die deutschen Streitkräfte, einzugreifen, um »die Ordnung wieder herzustellen«. Am 12. März 1938 marschierten deutsche Soldaten in Wien ein. Am 13. März war der Anschluß vollzogen. Aus Österreich war die Ostmark, eine Provinz des Dritten Reiches, geworden. Deutschland hatte den Brenner erreicht.

Mussolini, der erst am 11. März von den Absichten des Führers unterrichtet worden war, nahm davon Kenntnis und verglich den Anschluß mit dem italienischen Risorgimento. Mit dem Ende der österreichischen Unabhängigkeit fand auch der faschistische Plan, sich im Donaugebiet festzusetzen, ein jähes Ende.

Im September 1938 suchte Hitler erneut den Konflikt, mit der Sudetenfrage, die die durch die Friedensverträge in die Tschechoslowakei integrierten Gebiete betraf, die hauptsächlich von Deutschen bewohnt waren. Das Problem war noch heikler als das österreichische. Einerseits gab es eine mit den Nationalsozialisten sympathisierende Bewegung der Sudetendeutschen, die den Anschluß ans Reich wollten. Andererseits hätte die Tschechoslowakei ohne dieses Gebiet einen großen Teil ihrer Existenzberechtigung verloren. In den Sudeten war ein bedeutender Teil des Industrieapparates konzentriert und dort befanden sich auch ansehnliche Befestigungsanlagen. Ohne die Sudeten war die Tschechoslowakei Berlin auf Gedeih und Verderb ausgeliefert.

England und Frankreich unterstützten zwar die Tschechoslowakei, die einzige parlamentarische Demokratie, die in Zentraleuropa überlebt hatte, mit Worten, doch wollten sie mit Deutschland keinen Krieg riskieren, obwohl sie wußten, daß auch die UdSSR bereit war, Prag zu verteidigen. Am 28. September bat der englische Premierminister Neville Chamberlain Mussolini um seine Vermittlung, obwohl dieser die Hitlerschen Forderungen unterstützte und erklärt hatte, daß Italien sich im Fall eines Angriffs »keinerlei Zögern« erlauben würde.

Für den Duce bedeutete die Londoner Einladung einen Prestigeerfolg. Endlich wurde seine Rolle als »Zünglein an der Waage« anerkannt. Die Konferenz, an der am 29. September in München Frankreich, Großbritannien, Deutschland und Italien teilnahmen, beschränkte sich darauf, die deutschen Forderungen zu ratifizieren. Das Sudetenland kam zu Deutschland.

Weit davon entfernt, zur Stabilisierung beizutragen, wie man in London und Paris glaubte, versetzte das Münchner Abkommen dem in Versailles konstruierten Gleichgewicht und dem Völkerbund den entscheidenden Schlag. Der Konflikt zwischen Deutschland und der Tschechoslowakei wurde durch eine direkte Einigung unter den Großmächten gelöst. Die unmittelbar davon betroffene Tschechoslowakei hatte man zur Versammlung nicht eingeladen und die Vermittlerrolle wurde ausgerechnet von Italien übernommen, einem Staat, der alles andere als unparteiisch und zudem aus dem Völkerbund ausgetreten war. Außerdem hatte man die Sowjetunion den Verhandlungen ferngehalten, obwohl sie sich für eine Beibehaltung des Status quo ausgesprochen hatte. In Moskau verstärkten sich daher die Positionen derjenigen, die die Pläne der westlichen Mächte fürchteten, die darauf abzielten, Deutschland als Prellbock gegen die UdSSR zu verwenden. Das richtete sich gegen diejenigen, die – unter ihnen der Außenminister Maksim Maksimowitsch Litwinow– eine antifaschistische und antinationalsozialistische Einigung mit Frankreich und Großbritannien verteidigten. Die Aufgabe der Tschechoslowakei ließ die subalternen Nationalsozialismen wieder aufleben: Polen erhob Anspruch auf einige in Böhmen gelegene Grenzgebiete und Ungarn wollte das jenseits der Karpaten gelegene Ruthenien.

Nachdem er mit dem Glorienschein des Friedensretters nach Italien zurückgekehrt war, startete Mussolini eine antifranzösische Pressekampagne mit territorialen Forderungen: Tunesien, Dschibuti, Korsika, Nizza, Savoyen. Niemand machte sich Hoffnungen, alle Gebiete ohne kriegerische Auseinandersetzung zu bekommen, aber man glaubte, etwas in der Weise zu erhalten, wie es Hitler gelungen war. Aber Hitler brachte Mussolini nicht die gleiche Solidarität entgegen, die er ihm bewiesen hatte, so daß der Duce zwei große Pläne vorantrieb: die Invasion Albaniens, das bereits eine Art italienisches Protektorat war, um einen Brückenkopf für weitere Abenteuer auf Kosten Griechenlands und Jugoslawiens zu haben. Außerdem beschloß er, das Angebot eines Militärbündnisses mit Hitler anzunehmen.

Am 7. April 1939 landeten die italienischen Truppen in Albanien. Das Land wurde in einen Vasallenstaat umgewandelt, dessen Krone an Vittorio Emanuele III. ging. Drei Wochen vorher, am 15. März, hatte die Tschechoslowakei aufgehört zu existieren, denn Deutschland hatte Böhmen und Mähren annektiert, die zu Reichsprotektoraten erklärt wurden. In der Slowakei hatte die klerikalfaschistische Rechte mit entscheidender Unterstützung Berlins die Sezession erklärt. Die Führung des neuen, formal unabhängigen slowakischen Staates, der in Wirklichkeit ein nationalsozialistischer Vasallenstaat war, ging an den katholischen Prälaten Josef Tiso. Obwohl sein Regime viel mit dem italienischen Faschismus gemeinsam hatte, orientierte sich Tiso nach Berlin, was ein weiterer Beweis für das Scheitern der lang gehegten italienischen Donauhegemoniepläne war.

Am 22. Mai 1939 unterzeichneten Italien und Deutschland einen politischen und militärischen Bündnisvertrag, den »Stahlpakt«. Der von Galeazzo Ciano und dem neuen deutschen Außenminister Joachim von Ribbentrop vorbereitete Text kündigte eine Einigung mit aggressiven Inhalten an: Italien wie Deutschland würden das Recht haben, ein drittes Land anzugreifen und dabei von ihrem Bündnispartner verlangen können, daß dieser sie unterstütze, auch wenn das Unternehmen vorher nicht abgesprochen war.

Die hohen Parteifunktionäre des Regimes waren sich einig, daß Italien für einen Krieg großen Ausmaßes nicht vor 1942 be-

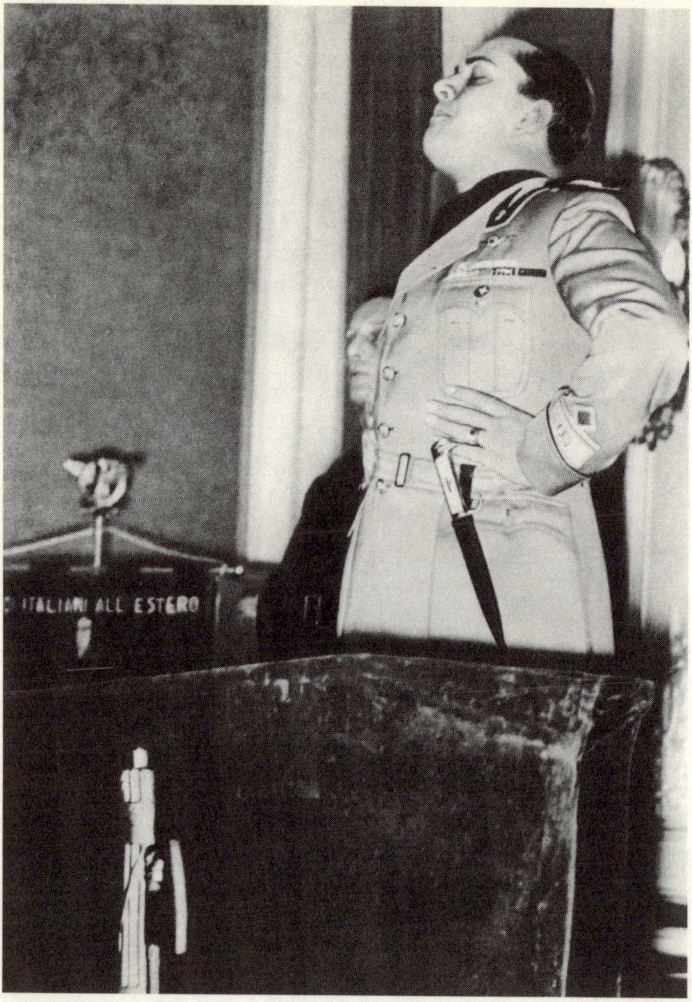

Die Kopie: Galeazzo Ciano, Außenminister

reit sein konnte. Zu groß waren die Lücken, die durch die Kriege in Äthiopien und die spanische Intervention in den Militärarsenalen entstanden waren. Die Flotte, die Luftwaffe und die Panzerabteilungen des Heeres mußten verstärkt und der Produktionsapparat den Anforderungen des Krieges angepaßt werden.

Ciano hatte im Auftrag Mussolinis Ribbentrop die Situation dargestellt und Garantien erhalten, daß das »Dritte Reich« die Termine nicht überstürzen werde, obwohl Deutschland mit Polen einen Streit um den Status der Stadt Danzig angefangen hatte. Im Text des »Stahlpaktes« werden die italienischen Vorbehalte jedoch nicht erwähnt, wie auch keine Anmerkung bezüglich der Trennung der Einflußsphären zwischen Italien und Deutschland gemacht wird. Warum also hat Mussolini ihn unterzeichnet? Wahrscheinlich glaubte er, daß sich die drohende deutsch-polnische Krise mit einem zweiten Münchner Vertrag lösen würde, wo er wieder den Vermittler hätte spielen können. Schließlich hatte Mussolini seine alten Hegemoniepläne auf dem Balkan wieder aufgenommen. Nach der Eroberung Albaniens dachte er, sich auf Kosten Jugoslawiens und Griechenlands auszuweiten, eventuell durch beschränkte militärische Operationen. In einem solchen Fall hätte ihm der deutsche Verbündete militärische Deckung und politische Garantien gegeben.

Die Widersprüche der »Nicht-Kriegsführung«

Im Sommer 1939, als sich der Druck auf Polen verstärkte, kamen zwischen London, Paris, Warschau und Moskau fieberhafte Kontakte zustande, um eine antideutsche Allianz zu bilden. Aufgrund des Mißtrauens zwischen den westlichen Kanzlerämtern und der sowjetischen Obrigkeit und den Gegensätzen zwischen den Polen und den Sowjets zogen sich die Verhandlungen ergebnislos hin. In der sowjetischen Führungsgruppe vergrößerte sich die Zahl derer, die fürchteten, allein zu bleiben, wenn es darum ginge, den Armeen Hitlers entgegenzutreten. Da ergriff die deutsche Diplomatie die Initiative und bot der sowjetischen Regierung eine Einigung an. Am 3. Mai 1939 ersetzte Stalin, das Staatsoberhaupt der UdSSR, den mit dem Westen sympathisierenden Außenminister Litwinow durch Wjatscheslaw Michailowitsch Molotow, einen Befürworter eines Übereinkommens mit Deutschland. Am 23. August erfuhr die Welt, daß die UdSSR und Deutschland einen Nichtangriffspakt geschlossen hatten. Die Sowjetunion war nicht mehr von der unmittelbaren Gefahr bedroht, sich ohne Verbündete mit Deutschland auseinandersetzen zu müssen, und die nationalsozialistische Führungsgruppe war sicher, daß sie nicht mehr auf zwei Fronten kämpfen mußte. Das Schicksal Polens war damit besiegelt.

Mussolini legte am 23. August dem englischen Botschafter einen Plan für die Rückkehr Danzigs an Deutschland nach dem Münchner Modell vor. Wenige Tage später, in der Nacht vom 31. August auf den 1. September, überschritten die Panzerkolonnen der deutschen Wehrmacht die polnische Grenze. Am 3. September erklärten Frankreich und Großbritannien Deutschland den Krieg. Der Zweite Weltkrieg hatte begonnen.

Italien wäre durch den »Stahlpakt« zum Eingriff gezwungen gewesen. Doch weder der Zustand der Truppen noch die Lage der Rohstoffvorräte und der Brennstoffe ließen das zu. Am 25. August hatten die italienischen Behörden durch einen Brief Hitlers vom Beginn der Kampfhandlungen erfahren. Es mußte schnell ein Ausweg gefunden werden. Am 26. August wurde an den Führer eine Nachricht gesandt, eine generelle Verfügbarkeitserklärung, der sich alle möglichen Forderungen nach Rohstoffen und Bewaffnungen anschlossen, die die praktische Ausführung unmöglich machten. Hitler nahm davon Kenntnis und wies Italien die Rolle des Nachschubgebiets für Deutschland zu, es sollte ihm Arbeitskräfte schicken, die die deutsche Wirtschaft dringend benötigte. Am 1. September verkündete Rom seine »Nicht-Kriegsführung«.

Der Begriff war gewollt zweideutig und anders formuliert als der der »Neutralität«, doch entsprach er der Grundorientierung der faschistischen Außenpolitik. Wie Mussolini Hitler geschrieben hatte, war Italien die »strategische Reserve« des »Dritten Reiches«, das im richtigen Moment in Aktion treten würde, um das so oft beschworene Zünglein an der Waage zu spielen. Die »Nicht-Kriegsführung« stellte Rom in den Mittelpunkt eines verworrenen diplomatischen Spiels. London und Paris waren daran interessiert, daß Italien am Krieg nicht teilnahm. Von Berlin gab es keinen besonderen Druck, da den Deutschen daran lag, den Verbündeten als Nachschubkanal für Fertigprodukte und Rohstoffe zu nutzen, die auf den französischen und englischen Märkten nicht mehr verfügbar waren. Unter den Führungskräften des faschistischen Regimes, den

Kriegsproduktion bei Ansaldo in Genua

Hofkreisen, der Kirchenhierarchie und den Unternehmerkreisen mangelte es nicht an Vorschlägen, die »Nicht-Kriegsführung« in eine echte Neutralität umzuwandeln. Sie konnte sich jedoch wegen der Art der italienisch-deutschen wirtschaftlichen Beziehungen nicht durchsetzen: Die italienische Wirtschaft hing zu stark von der deutschen ab, die einen guten Teil ihrer Exporte aufnahm und einen erheblichen Anteil der nötigen Rohstoffe – besonders Kohle – lieferte. Die Kohlenvorräte ließen eine Autonomie von nur vier Wochen zu, die Produktion elektrischer Energie wäre in unvertretbarem Maß gesunken, die Eisenbahn hätte aufgehört zu funktionieren, die Städte wären ohne Gas geblieben. Die einzige Möglichkeit, die Bindung an Deutschland zu lockern, wäre eine Erhöhung der Brennstofflieferungen durch London gewesen, was ohne Gegenleistungen politischer Natur undenkbar war. Die Aufrechterhaltung der »Nicht-Kriegsführung« konnte nur solange andauern, wie Berlin es zuließ.

Anfang Oktober 1939 gab es keinen unabhängigen polnischen Staat mehr. Die Deutschen hatten den größten Teil besetzt, die östlichen Gebiete waren in die Hände der Sowjetunion übergegangen, deren Streitkräfte am 17. September die Grenze überschritten und damit eine der geheimen Klauseln des Molotow-Ribbentrop Paktes ausgeführt hatten. Jetzt gab es nur noch eine Front längs der deutsch-französischen Grenze. Hier standen sich über sechs Monate das deutsche und das französische Heer ohne zu kämpfen gegenüber. Es war der *drôle de guerre* (der seltsame Krieg). Großbritannien verhing eine Seeblockade über Deutschland und hoffte, damit seinen Zusammenbruch herbeizuführen. Am 1. Februar 1940 verkündete London, daß es auch die italienischen Handelsschiffe aufhalten und alle deutschen Waren oder diejenigen, die nach Deutschland gingen, beschlagnahmen würde. Die Maßnahme hatte ein doppeltes Ziel: Erstens sollte sie dem italienischen »Schmuggel« über den neutralen holländischen Hafen Rotterdam nach Deutschland ein Ende setzen. Zweitens sollte auf die italienische Regierung Druck ausgeübt werden, indem man die deutschen Kohlelieferungen, von denen 80% Italien auf dem Meerweg erreichten, blockierte. Die englischen Behörden unterrichteten Rom von ihrer Bereitschaft, größere Mengen Kohle zu liefern. Dieses Angebot anzunehmen, hätte jedoch der Politik des faschistischen Regimes widersprochen. Die bestehenden Bündnisse aufzugeben oder zumindest eine Einigung mit Großbritannien herzustellen, hätte bedeutet, auf die Umsturzpläne in Europa zu verzichten. Der italienische Faschismus wäre eine vergrößerte Ausführung des spanischen Franco-Regimes geworden, eine in sich geschlossene reaktionäre Diktatur, ohne hegemoniale und imperialistische Ansprüche. Mit aller Wahrscheinlichkeit hätte das zum mehr oder weniger schnellen Sturz Mussolinis und zum Zusammenbruch des Regimes geführt.

Die Antwort des Duce war, daß er die englischen Kohleimporte auf ein Minimum reduzierte und die Deutschen um die Deckung des gesamten Bedarfs bat, mit der Klausel, daß der Transport mit der Bahn erfolgte. Berlin akzeptierte und hob hervor, daß es diese schwere Belastung einzig aus politischen Gründen, d.h. um »Italien von Großbritannien völlig unabhängig zu halten«, auf sich nähme. Anfang März wurde das Abkommen unterzeichnet. Damit war Italien völlig von Deutschland abhängig.

Am 9. April 1940 bewegten sich die Fronten. Deutschland fiel in die neutralen Länder Dänemark und Norwegen ein und übernahm die Herrschaft über Nordeuropa. Am 10. Mai 1940 begann der Angriff auf Frankreich. Nachdem sie unter Verletzung der Neutralität in Belgien, Luxemburg und den Niederlanden einmarschiert waren, kesselten die deutschen Panzerkolonnen einen großen Teil des französischen und belgischen Heeres und des englischen Expeditionskorps ein. In weniger als einem Jahr hatte das Hitlersche Deutschland die Herrschaft über Europa erreicht. Viele glaubten, der Krieg sei zu Ende. In den Augen Mussolinis und fast aller Führungseliten Italiens zeichnete sich die Möglichkeit ab, in den unmittelbar bevorstehenden Friedensverhandlungen auf der Siegerseite zu erscheinen. Dazu mußte Italien, wie sich der Duce privat ausdrückte, »einige Handvoll Tote auf den Friedenstisch werfen können«. Am 10. Juni 1940 verkündete Mussolini vom Balkon des Palazzo Venezia in Rom der gesamten Nation, daß er den Kriegseintritt »gegen die plutokratischen und reaktionären Demokratien« beschlossen habe.

Die Kriegserklärung am 10. Juni 1940

Juni 1940 – April 1941: Der »kurze« und »parallele Krieg«

Der Feldzug in Frankreich

Seit 1937 hatte der italienische Generalstab einen möglichen Krieg gegen Frankreich und England an der Seite Deutschlands erwogen. Dabei ging er davon aus, daß die Achsenkräfte nur mit einer offensiven Strategie, die in kurzer Zeit den Zusammenbruch des Feindes herbeiführen würde, siegen könnten. Die Wehrmacht hätte das französische Heer schlagen müssen und Italiens Aufgabe wäre es gewesen, Ägypten zu erobern und sich des Suez-Kanals zu bemächtigen. Somit hätte sich die Achse den Zugang zu den Ozeanen verschafft.

Die Schwäche des italienischen Militärapparates, die in den zwölf Monaten vor dem deutschen Angriff auf Polen hervorgetreten war, ließ die Regierung auf ein Modell zurückgreifen, das eine defensive Strategie auf dem Festland vorsah und die Offensiven auf Luft- und Flottenoperationen im Mittelmeer und in Nordafrika beschränkte. Als jedoch der Krieg erklärt war und Frankreich bereits von den Divisionen Hitlers besiegt, wurde es für Rom notwendig, eine aktive Rolle zu spielen. Anstatt die englischen Manöver abzuwarten, ging man längs der westlichen Alpengrenze zur Aktion über. Am 21. Juni 1940 begannen die Truppen des königlichen Heeres mit dem Angriff entlang der Front vom Mont Cenis bis zum Meer. Obwohl sie bereits besiegten Einheiten gegenüberstanden, stellte die schlechte Organisation die italienischen Truppen vor Probleme. Die Härte des Klimas in diesen Höhen ließ Tausende Soldaten erfrieren – sie hatten nur eine Sommerausrüstung. Durch die vom italienischen Oberkommando aus dem Ersten Weltkrieg wiederaufgenommene Taktik des Angriffs in festen Formationen waren die Angreifer dem tödlichen Feuer der feindlichen Maschinengewehre ausgesetzt. Das hatte zur Folge, daß die Zahl der italienischen Gefallenen bei diesem Feldzug etwa 2000 betrug, während die »besiegten« Franzosen 37 Mann verloren.

Das Ergebnis der italienischen Offensive war die Einnah-

Kriegsvorbereitungen: Schutzvorkehrungen gegen Luftangriffe an der *Ara Pacis* in Rom, Juni 1940

me Mentons und einiger Alpendörfer. Am 24. Juni unterzeichnete Italien in Rom mit Frankreich den Waffenstillstand. Frankreich hatte sich zwei Tage vorher schon Deutschland ergeben und eingewilligt, daß der größte Teil des Landes, einschließlich Paris, der deutschen militärischen Besatzung unterworfen würde. Obwohl es seinen spärlichen Eroberungen maßlose Forderungen folgen ließ, erhielt Rom wenig: die Besatzung jener abgelegenen Gegenden des französischen Territoriums, in die es eingedrungen war, und die Entmilitarisierung des Streifens bis zum linken Rhoneufer. Außer eingeschränkten Konzessionen, die die Benützung des Hafens von Dschibuti und der Eisenbahn, die ihn mit Addis Abeba verbindet, betrafen, erwähnte der Waffenstillstand keine Veränderungen in der Verteilung der afrikanischen Kolonien oder der Fragen bezüglich Korsikas und Savoyens.

Die militärische Schwäche, die Italien gezeigt hatte, ermöglichte es Deutschland, eine zweideutige Vermittlerrolle zu spielen. Berlin, das die französischen kollaborationistischen Behörden in sein kontinentales Reorganisationsprojekt unter deutscher Hegemonie (das von der Propaganda der Achse

»Neue Europäische Ordnung« genannt wurde) miteinbeziehen wollte, gab zu verstehen, daß es die italienischen Ansprüche nicht unterstützen würde.

Der griechische Feldzug

Nach den Ergebnissen des Feldzugs gegen Frankreich wandten Mussolini und seine Parteifunktionäre im Sommer 1940 ihre Aufmerksamkeit dem Balkan zu. Sowohl Griechenland als auch Jugoslawien waren seit den zwanziger Jahren ein Ziel der faschistischen Expansionspläne: Griechenland sollte unterworfen werden und Jugoslawien aufgeteilt.

Der Einmarsch der deutschen Truppen in Rumänien, wodurch sie sich die Herrschaft über die Erdölquellen sicherten, löste bei der italienischen faschistischen Führung eine geradezu konsequente Reaktion aus: Man war nun davon überzeugt, durch einen Überfall ein Gegengewicht zu der vergrößerten Macht des Verbündeten auf dem Balkan herstellen zu müssen.

Diesmal war das Opfer Griechenland; es konnte vom albanischen Brückenkopf aus angegriffen werden. Mussolini und seine Parteifunktionäre glaubten, daß die griechischen Behörden angesichts der im Grunde bescheidenen Demonstration der italienischen Kräfte schnellstens kapitulieren würden. Außerdem hatten sie sich, wie im vorigen Jahr bei der Landung in Albanien, die heimliche Unterstützung hoher griechischer Politiker und einflußreicher Generäle der Armee durch Korruption gesichert. Die italienische Strategie beschränkte sich also auf die Besetzung von Epirus mit drei Divisionen, da man davon ausging, daß Athen dann um den Waffenstillstand bitten würde. Es kam jedoch anders.

Am 28. Oktober 1940, dem Jahrestag des Marsches auf Rom, überschritten die Italiener die griechisch-albanische Grenze. Vier Tage später, am 2. November, begann die griechische Gegenoffensive, die den italienischen Angriff aufhielt und die Einheiten des königlichen Heeres zu einem überstürzten und unerwarteten Rückzug zwang. Die griechischen Einheiten drangen tief nach Albanien ein, besetzten rund ein Drittel des Landes und zwangen die Italiener in die Defensive.

Die Akropolis, italienisch bewacht

Die Wirkung auf die Weltöffentlichkeit war ungeheuer. Zum ersten Mal war ein von den Achsenmächten ausgeführter Feldzug kein überwältigender Vorstoß, sondern wurde abgebrochen. Italien erwies sich, wie nicht nur die Engländer, sondern auch die hohen Funktionäre in Berlin bemerkten, als der schwache Punkt des nationalsozialistischen Lagers. Dies hatte auch schwerwiegende Auswirkungen an der inneren Front. Das gewaltige Mißverhältnis zwischen der kriegerischen Rhetorik und der kümmerlichen Niederlage in Griechenland wurde deutlich; Lücken in der militärischen Vorbereitung und Oberflächlichkeiten in der Koordinierung der Truppen kamen ans Tageslicht.

Militärisch gesehen völlig unverständlich ist auch die Entscheidung der italienischen Regierung, Anfang Oktober das Heer in der Heimat zu demobilisieren, wovon 600 000 der 1 100 000 Mann betroffen waren. Offiziell hieß es, während der Saatzeit müßten Arbeitskräfte für die Landwirtschaft bereitgestellt werden. In Wahrheit gab es aber nicht genügend Ausrüstungen für alle Einberufenen.

Im Winter 1940/41 war es an der griechisch-albanischen Front still, bis der deutsche Angriff im April 1941 die Entscheidung herbeiführte. Für Berlin gab es keine andere Lösung, als auf dem Balkan einzugreifen, da zwischen dem 29. Oktober und dem 3. November 1940, als Antwort auf den italienischen Angriff, (westlich über Albanien, nördlich über Jugoslawien, östlich über Bulgarien) englische Einheiten Kreta besetzt und sich in der Nähe von Athen niedergelassen hatten. Von mehreren Seiten angegriffen, war Griechenland gezwungen, sich zu ergeben, während sich das 58 000 Mann starke englische Expeditionskorps aus Kreta zurückzog, das erst Ende Mai von den Deutschen besetzt wurde. Es ist bezeichnend, daß die griechische Regierung Deutschland und nicht Italien um den Waffenstillstand bat. Erst unter dem Druck der Deutschen ergaben sich die Griechen auch den Italienern.

Operationen in Nord- und Ostafrika

Vom strategischen Gesichtspunkt aus war für Italien die nordafrikanische Front entscheidend. Die schnelle Eroberung Ägyptens und des Suez-Kanals hätte es möglich gemacht, die Herr-

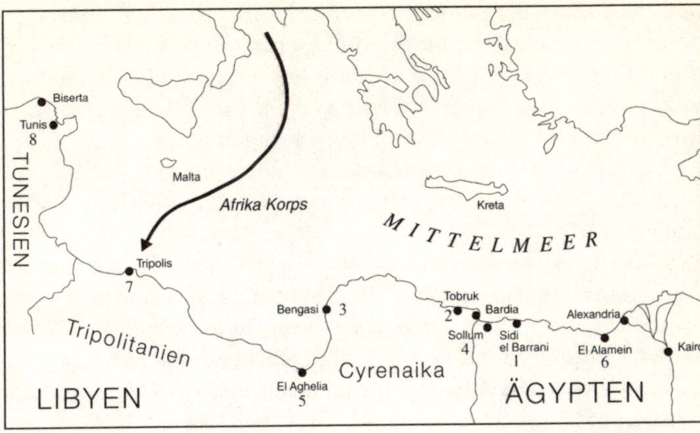

schaft über das Mittelmeer zu erlangen, der britischen Flotte ihre Basis in Alexandria zu entziehen und die Bedeutung Maltas zunichte zu machen. Außerdem fürchtete das englische Kommando, daß es Malta nicht verteidigen könnte. Für die *Mediterranean Fleet* wäre nur Gibraltar übriggeblieben.

Für Mussolini bot sich in Nordafrika die beste Gelegenheit, einen »parallelen« und von Deutschland unabhängigen Krieg zu führen. In diesem Sinn ist die Ablehnung des deutschen Vorschlages, an der Offensive gegen Frankreich teilzunehmen und eine Armee an den Rhein zu verlegen, zu verstehen. Wie auch das Hitlersche Angebot im August 1940, Panzereinheiten für die Operationen in Ägypten zur Verfügung zu stellen, nicht angenommen wurde. Die Strategie des »parallelen« Krieges gründete auf der Annahme, daß Deutschland den Krieg bereits gewonnen hätte. Man war überzeugt, daß Italien sich nur darauf beschränken müsse, nach einer bestimmten Anzahl politischer und territorialer Unterpfänder zu greifen, die ausreichten, ihnen den Status der Siegermacht zu garantieren.

Am 19. August schreibt Mussolini dem libyschen Gouverneur, General Rodolfo Graziani, daß er sich für den Angriff auf die britischen Streitkräfte in Ägpten vorbereiten solle. Dieser sollte erfolgen, sobald die deutsche Landung in Großbritannien begonnen habe, die – wie ihm aus Berlin versichert wurde – der Duce für unmittelbar bevorstehend hielt, wobei er unterstrich, daß es sich nicht darum handle »auf Alexandria oder

Sollum abzuzielen«, sondern einfach zur Offensive überzugehen. Zahlenmäßig waren die Italiener im Vorteil. Graziani verfügte über mehr als 150 000 Mann, der englische Kommandant in Ägypten, General Archibald Wavell, nur über 30 000. Die Engländer hatten 50 schwere Panzerwagen zur Verfügung, die Graziani zwar fehlten, aber was die mittleren und leichten gepanzerten Fahrzeuge betrifft, waren die italienischen in der Überzahl.

Am 11. September, als die deutsche Luftwaffe mit den ersten britischen Jägern über dem Himmel von London zusammentrifft, begannen auch die Kampfhandlungen in Nordafrika. Italienische Kolonnen überschritten die Grenze zwischen Libyen und Ägypten und rückten bis zur Oase von Sidi Barrani vor.

Am 9. Dezember begann eine eingeschränkte britische Gegenoffensive, die das Gebiet unter feindlicher Herrschaft verkleinern sollte. Die italienischen Stellungen brachen schnell zusammen und ließen den Angreifern freien Weg nach Libyen. In wenigen Wochen nahmen die Briten die Bollwerke Tobruk

Zusammenbruch der italienischen Afrikafront:
Waffen der italienischen Truppen bei Gondar

und Bardia ein und besetzten am 6. Februar 1941 Bengasi, die Hauptstadt der Cyrenaika.

Das Ausmaß der Katastrophe wird an der Zahl der Gefangenen, die den Briten in die Hände fielen, noch deutlicher: über 100 000. Graziani, der sich in eine viele Kilometer hinter der Front gelegene Höhle zurückgezogen hatte, riet Mussolini, ganz Libyen aufzugeben. Der Duce weigerte sich, aber es blieb ihm nichts anderes übrig, als einen Hilferuf für Nordafrika und Griechenland an Hitler zu senden. Der Anspruch auf einen »parallelen« Krieg war damit aufgegeben. Inzwischen waren die Briten auch am Horn von Afrika zur Offensive übergegangen. Zwischen dem 19. Januar und dem 18. Mai 1941 wurden Eritrea, Somalia und Äthiopien besetzt und die italienischen Truppen zur Kapitulation gezwungen. Nur die Garnison von Gondar leistete bis November Widerstand. Das sechs Jahre zuvor eroberte italienische Kaiserreich existierte nicht mehr.

Die Beziehungen innerhalb der »Achse« Rom–Berlin

Durch die intensiven Wirtschaftsbeziehungen mit Deutschland seit März 1940 geriet Italien in eine totale Abhängigkeit von seinem Verbündeten; vor allem wegen der Energiequellen, die ebenso unentbehrlich für das Zivilleben wie auch für die Kriegswirtschaft und die Ausführung der militärischen Operationen waren. Die nationalsozialistische Führung glaubte, daß die Kriegsmaschinerie Italiens als Gegenleistung die Herrschaft der Achse über das Mittelmeer garantieren würde. Die auf den balkanischen und nordafrikanischen Kriegsschauplätzen aufgetretene Schwäche Italiens stellte Berlin jedoch vor die Frage, was für einen Nutzen man von einem solchen Verbündeten habe, vor allem da Rom ständig die Erhöhung der Rohstofflieferungen, Energiequellen und Bewaffnungen forderte. Ernst von Weizsäcker, Staatssekretär im Auswärtigen Amt, notiert in diesen Monaten mehrmals in seinem Tagebuch Sätze wie diesen: »Dieser Verbündete würde uns den größten Dienst leisten, wenn er sich ruhig verhielte«.

Von den Vertretern des »Reiches« in Italien kamen außerdem Meldungen, daß das Regime Mussolinis nicht imstande

Mussolini, Hitler und Außenminister Ciano am 5. Oktober 1940

sei, seine Wirtschaft in Hinblick auf die Kriegserfordernisse zu rationalisieren, so daß ein beachtliches Potential der Industrieproduktion (zwischen 25% und 75%) ungenutzt bleibe. Daher beschloß man in Berlin, den italienischen Unternehmen hauptsächlich militärische Aufträge zu geben. Gleichzeitig forderte Deutschland von seinem Verbündeten eine große Anzahl Industriearbeiter an (204000 allein Ende 1940), um die durch die Einberufung zur Wehrmacht entstandenen Lücken zu füllen. Deutschland verfügte über eine ungeheure Menge Kriegsgefangener und polnischer Zivilisten, die es jedoch aus Sicherheitsgründen lieber in der Landwirtschaft einsetzte. Die verbündeten Italiener konnten dagegen auch in den strategisch wichtigen Industriesektoren eingesetzt werden.

Anfang Januar 1941 bat die Führung in Berlin angesichts neuer italienischer Nachschubforderungen ihren Botschafter in Italien, Georg von Mackensen, ihr mitzuteilen, wieviele Männer aus Italien abgezogen werden könnten. Der Diplomat ließ seinen Bericht mit der bezeichnenden Frage enden: »Sollen die Italiener an dem von der Achse geführten gemeinsamen Kampf als Arbeiter oder als Soldaten teilnehmen?« Diese Frage wurde vorerst in dem siebten geheimen Protokoll zu den deutsch-italienischen wirtschaftlichen Beziehungen beantwortet, das am 26. Februar 1941 unterzeichnet wurde: In ihm herrscht der Gedanke des Austausches vor: Italien liefert Arbeitskräfte, Deutschland Industrieprodukte und Rohstoffe.

Mai 1941 – Januar 1943: Der »lange« und »subalterne« Krieg

In den ersten Monaten des Jahres 1941 wurde klar, daß der Krieg sich ausdehnen würde. Großbritannien zeigte keine Anzeichen von Schwäche. An der balkanischen und der nordafrikanischen Front schien sich das Blatt zugunsten der Feinde der Achse zu wenden. Ende September 1940 hatte Hitler den Beginn der Operation »Seelöwe«, die Landung in England, auf unbestimmte Zeit verschoben. Am 18. Dezember hatte er den »Weisung Barbarossa« genannten Erlaß Nr. 21 unterzeichnet, in dem er dem Oberkommando der Wehrmacht befiehlt, sich auf einen raschen Feldzug gegen die Sowjetunion vorzubereiten, der am 15. Mai 1941 beginnen sollte und später auf den 22. Juni verschoben wurde.

Zuerst mußten die ungelösten Situationen auf dem Balkan und in Nordafrika geklärt werden. In der Folge eines Staatsstreiches durch Anhänger der Briten zerschlug sich die Möglichkeit, Jugoslawien an die Achse anzunähern. Bulgarien dagegen hatte sich ihr angeschlossen. Am 6. April 1941 überschritt die Wehrmacht die jugoslawische Grenze. Dem Angriff schlossen sich italienische Truppen an, die Dalmatien und Montenegro besetzten, sowie ungarische und bulgarische Abteilungen. Nach der Kapitulation Belgrads begann der Angriff auf Griechenland, das am 21. April kapitulierte.

Inzwischen waren am 11. Februar in Tripolitanien, dem Teil Libyens, der unter italienischer Kontrolle geblieben war, die ersten Einheiten des Afrika-Korps gelandet, das Hitler zur Unterstützung seines Verbündeten geschickt hatte. Es handelte sich um ein motorisiertes, mit modernster Artillerie ausgerüstetes, aber nicht besonders starkes (wenig mehr als 30 000 Mann) Expeditionskorps. Dank seiner Ausrüstung und der geschickten Verwendung seiner Panzerwaffen hielt das Afrika-Korps – zusammen mit den Italienern – den britischen Vorstoß auf und ging am 30. März 1941 zur Gegenoffensive über, in der es die Cyrenaika zurückeroberte und bis nach Sollum in Ägypten vordrang. Die italienisch-deutschen Truppen waren jedoch für einen Angriff Ägyptens, der die englischen Stellungen im mittleren Osten ernsthaft hätte bedrohen können, zu schwach. Am

1. April kamen zwar durch einen Staatsstreich im Irak der Achse gewogene Politiker an die Macht. Doch weder das militärisch schwache Italien noch Deutschland, das einen großen Teil seiner Mittel für die Vorbereitung des Angriffes auf die Sowjetunion einsetzen mußte, waren in der Lage, die möglichen irakischen Verbündeten zu nützen oder zu unterstützen.

Der Überfall auf die Sowjetunion

Erst am 22. Juni wurde der Duce offiziell über die laufende deutsche Offensive gegen die UdSSR informiert. Die Nachricht kam nicht unerwartet. Seit drei Monaten hatte es nicht an Vorankündigungen gefehlt, so daß Mussolini Ende Mai den Chef seines Generalstabs, General Ugo Cavallero, beauftragt hatte, ein Expeditionskorps zu organisieren, das in die UdSSR geschickt werden sollte. Die Propaganda des Regimes berief sich in ihrer Rechtfertigung der Intervention auf den prinzipiellen Gegensatz zwischen Faschismus und Bolschewismus und auf die notwendige Beseitigung des Bollwerks des internationalen Kommunismus. Dabei hatte es in den vorangegangenen zwei Jahren nicht an Kontakten zwischen Rom und Moskau gefehlt, bei denen man die Möglichkeit eines Bündnisses erwogen hatte. Für Italien ging es dabei um wirtschaftliche Interessen, während die sowjetische Regierung ihre Präsenz auf dem Balkan ausbauen wollte.

Warum beschloß Mussolini, ohne von Hitler dazu aufgefordert zu werden, Truppen in den Osten zu senden? Wie bereits zu Kriegsbeginn waren die entscheidenden Personen davon überzeugt, daß der Sieg des »Dritten Reiches« unmittelbar bevorstünde und wollten daher vom Siegerbankett nicht ausgeschlossen sein. Anstatt seine Kräfte auf dem Kriegsschauplatz im Mittelmeer zu konzentrieren, stürzte sich auch Italien ins russische Abenteuer und glaubte, – wenn die UdSSR einmal geschlagen sei –, an die Möglichkeit, die gesamte Gewalt der Achse gegen Großbritannien zu richten. Laut Berlin würde die Rote Armee in sechs, höchstens acht Wochen zerrieben sein.

Am 26. Juni 1941 wurde das italienische Rußland-Korps aufgestellt, das *Corpo di Spedizione Italiana in Russia* (CSIR),

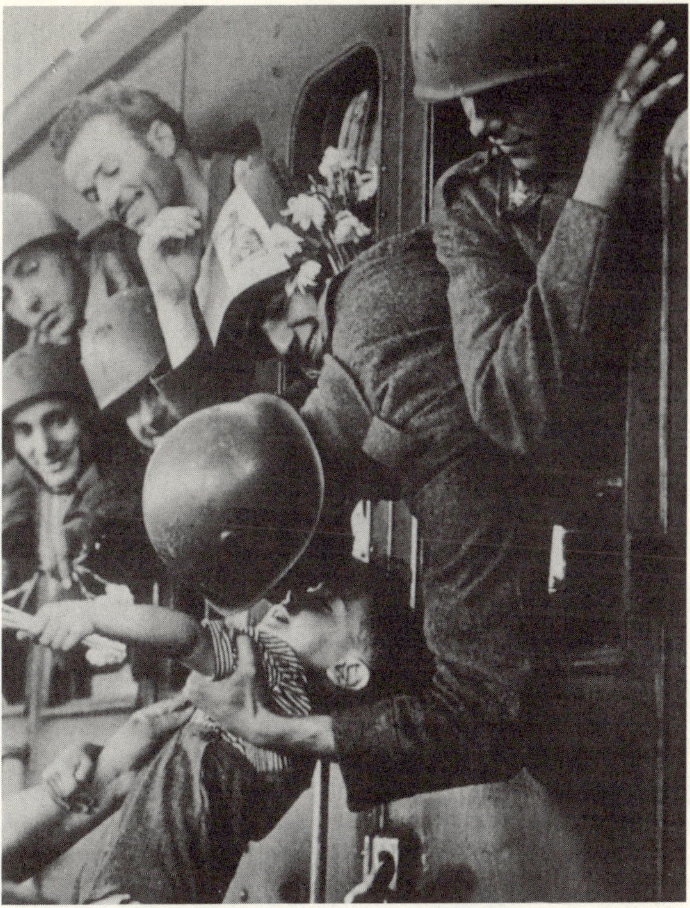

Italienische Soldaten beim Aufbruch in die Sowjetunion

mit 62 000 Männern, 5500 Fahrzeugen, 393 Kanonen und Granatwerfern. Ein großer Teil der schweren Waffen und Transportmittel des CSIR sollte ursprünglich nach Nordafrika gesandt werden, aber die Spitzenpolitiker des Regimes entschieden anders, so daß im Oberkommando sich die Sorge verbreitete, daß eine »größere italienische Unterstützung des Krieges gegen Rußland eine mögliche Niederlage in Libyen« mit sich bringen könnte, wie in einem Bericht vom 5. Juli zu lesen ist.

Wegweiser, deutsch-italienisch, in Rußland

Die italienischen Einheiten in Nordafrika verfügten über nur 7000 Militärfahrzeuge, und das in einer Situation, in der die Mobilität entscheidend war. Trotzdem bedrängten Mussolini und Cavallero Deutschland, einen größeren italienischen Einsatz gegen die UdSSR zu akzeptieren. In Berlin war man nicht begeistert, da man wußte, daß es Italien an Transportmitteln, Bewaffnung und anderen für die Logistik eines Expeditionskorps nützlichen Dingen mangelte. Ende August 1941 ermahnte der Chef des Oberkommandos der Wehrmacht (OKW), General Wilhelm Keitel, die Italiener, Libyen nicht zu vergessen. Erst Ende November 1941 kam die ersehnte Zustimmung Hitlers, die in einem persönlichen Brief an Mussolini vom 29. Dezember bestätigt wurde. Die unerwartete Widerstandskraft der sowjetischen Truppen und die hohe Zahl der Verluste, die die Wehrmacht während der Offensive erlitten hatte, stimmten den Diktator um. Noch am selben Tag wandte sich Hitler an den ungarischen Diktator Horthy und seinen rumänischen »Kollegen« Antonescu mit der Bitte, ihre bereits nach Rußland gesandten Expeditionskorps zu verstärken.

Mit der Mobilisierung neuer Einheiten im Frühjahr 1942 wurde die CSIR zur ARMIR (*Armata Italiana in Russia*): 229000 Mann stark, 25000 Reittiere, 16700 Fahrzeuge, 2091 Artilleriewaffen, 31 Panzer und 100 Flugzeuge. Da die Wehrmacht sich weigerte, Bewaffnung und Transportmittel für die ARMIR zu liefern, kam alles aus den italienischen Reserven, zum Schaden Libyens und der Heimatverteidigung. Militärisch gesehen überrascht eine Strategie, die bedeutende Kräfte an eine Front schickt, wo sie nur eine sekundäre Komponente der gesamten Macht der Achse ausmachen. Diese Einheiten, die von der nordafrikanischen Front abgezogen wurden, hatten dort – berücksichtigt man die ziemlich geringen Kräfte in diesem Kampfgebiet – eine wichtige, wenn nicht entscheidende Rolle gespielt. Die Bildung der ARMIR erfolgte, als eine rasche Beilegung des Krieges mit der UdSSR bereits nicht mehr möglich war. Im späten Herbst 1941 hatten die Divisionen der Wehrmacht die Tore Moskaus erreicht und Leningrad eingekesselt, eine Belagerung, die 600 Tage dauern sollte. Doch der sowjetische Staat war nicht zusammengebrochen, er leistete unerwarteten Widerstand. Der von der Kommunistischen Partei ausgegebene Aufruf zum »Großen Vaterländischen Krieg« hatte die Bevölkerung erreicht.

Die Hartnäckigkeit, die Mussolini und sein Generalstab an den Tag legten, ist nur politisch erklärbar: Der Duce will unbedingt, daß Italien am russischen Feldzug mit einem Expeditionskorps teilnimmt. Das entspricht seinem Status als Gründungsmacht der Achse und dem Stahlpakt. Italien gehört nicht zum Kreis subalterner Staaten wie die Slowakei, Ungarn und

Rumänien. Die militärischen Führungskräfte sind doppelt beunruhigt: einerseits wollen sie mit dem Regime, solange es stabil scheint, nicht brechen, andererseits wollen sie die Herrschaft über das heimatliche Territorium aufrechterhalten, um – wenn notwendig – sich vom Faschismus loslösen zu können, zur Rettung ihres höchsten Garanten, der Krone. Daher erwirken sie, in der Heimat eine »Hauptreserve« von 20 ausgerüsteten Divisionen zu behalten: Militärisch-technisch gesehen wenig sinnvoll, aber die Strategie diente einem politischen Projekt, und zwar dem Übergang zu einem postfaschistischen, autoritären Regime. Die Ereignisse nach dem 25. Juli 1943 werden diesen Militärs recht geben.

Die Ostfront und die »Schwachstelle« der Achse

Mitte Dezember 1942 wurde die Stellung der ARMIR durch einen gewaltigen Angriff der Roten Armee aufgebrochen. Der Rückzug aus Rußland begann. Von 229000 Mann fehlten 85000 beim Appell. 27000 waren verletzt oder erfroren. Die Niederlage der ARMIR (offiziell die 8. Armee) fiel in die große sowjetische Offensive, die ab dem 19. November 1942 nacheinander die 3. rumänische Armee, die 8. italienische, die 4. rumänische und die 2. ungarische kampfunfähig machte und zur Einkesselung der 6. deutschen Armee in Stalingrad führte.

Gleichzeitig kam es zur Niederlage der Achsenkräfte in Nordafrika. Nach der Wiedererlangung der Cyrenaika und der Besetzung von Sollum von März bis April 1941 durch die deutsch-italienischen Kräfte, geschah bis zum November 1941, als britische Einheiten zum Angriff übergingen, nichts mehr. Die britischen Einheiten drangen dann zwar weit in die Cyrenaika vor, aber die Armee der Achse hielt am 28. Dezember den feindlichen Vorstoß an der Grenze zu Tripolitanien auf und durchbrach am 26. Mai 1942 die englischen Linien. Einen Monat später fiel die wichtige Basis Tobruk. Alexandria schien für Italiener und Deutsche in Reichweite, und sie planten eine Luft- und Flottenaktion gegen Malta, bevor London auf die Unterstützung der Vereinigten Staaten zählen konnte, die seit Anfang Dezember 1941 in den Krieg eingetreten waren. Die deutsch-italienische Initiative in Afrika wurde begünstigt durch die Verlegung eines Teils der *Mediterranean Fleet* in den Pazifischen Ozean, um der japanischen Offensive entgegenzutreten. Da General Rommel, seit Frühjahr 1941 de facto Kommandierender der Achseneinheiten, davon überzeugt war, Alexandria und Kairo einnehmen zu können, beschloß er, weiter vorzurücken. Am 30. Juni 1942 erreichte er die knapp hundert Kilometer von Alexandria entfernte Senke von El Alamein. Hier brach der offensive Vorstoß wegen der Neuordnung des englischen Heeres und des Mangels an Verstärkung und geeignetem Nachschub zusammen.

Trotz der italienisch-deutschen Angriffe von Juli bis September mit hohen Verlusten an Gefallenen, Verletzten und Gefangenen blieb die Front unbeweglich, bis am 23. Oktober die Initiative wieder an die Engländer überging. Nach einer Woche wurden die Abteilungen der Achse zum Rückzug gezwungen. Zwischen dem 7. und 8. November 1942 waren zudem englische und amerikanische Kräfte in den französischen Kolonien Marokko und Algerien gelandet: Die italienischen und deutschen Einheiten liefen Gefahr, zwischen zwei Feuer zu geraten. Berlin schickte Soldaten nach Tunesien, das in den folgenden Monaten von der Achse in einen befestigten Brückenkopf verwandelt wurde.

Die tunesische Festung konnte nicht lange gehalten werden. Nach ihrem Fall wäre eine angloamerikanische Landung in Süditalien möglich, das von den Führungskreisen in London als die »Schwachstelle« der Achse bezeichnet wurde. Die Verantwortung für die Niederlage in Nordafrika lastete zum großen Teil auf dem deutschen Kommando und Rommel, der im Sommer 1942 entschieden hatte, in Alexandria einzumarschieren, und nicht, wie vorgesehen, den Luft-Flottenangriff auf Malta voranzutreiben.

Als Vergeltung für das zweideutige Verhalten der französischen Abteilungen bei der Landung der Alliierten in Nordafrika, drangen am 11. November 1942 Truppen der Wehrmacht und des italienischen Heeres in den Teil Frankreichs ein, der bis dahin von der Vichy-Regierung verwaltet worden war. So kamen Korsika und die Provence bis zur Rhone aufgrund der Intervention Italiens an der Seite Deutschlands zu den besetzten italienischen Gebieten dazu. Nach dem Zusammenbruch Jugoslawiens und Griechenlands im April 1941 annektierte Rom West-Slowenien, das zur »Provinz Lubiana« (Laibach) wurde, und Dalmatien. Die Provinzen Fiume und Zara wurden vergrößert und zusätzlich die von Split und Cattaro gebildet. Montenegro, Kosovo-Metohija, das zusammen mit einem montenegrinischen Küstenstreifen und West-Makedonien mit Albanien vereint wurde, die Ionischen Inseln und ein Teil der griechischen Inseln in der Ägäis kamen unter italienische Verwaltung, wobei die Herrschaft nach dem Krieg noch weiter ausgedehnt werden sollte. Der größte Teil des griechischen Territoriums blieb unter italienischer Besatzung. Die wirtschaftlich und strategisch bedeutendsten Städte – Athen und Piräus, Saloniki, Kreta und einige Inseln – waren aber unter deutscher Herrschaft. Bulgarien nahm sich Ost-Makedonien und Thrakien. In Jugoslawien verblieb Italien die sogenannte »zweite« und »dritte« Zone: die eine befand sich im Rücken Dalmatiens, und die andere reichte bis an das von den Deutschen besetzte Gebiet. Das gesamte übrige Territorium bildete den neuerrichteten, kollaborationistischen, formell unabhängigen Staat Kroatien (Nezavisna Drzava Hrvatska, NDH), unter der Leitung des Ustascha-Führers Ante Pavelic.

Auf dem Balkan und insbesondere im jugoslawischen Raum machte es die Schwäche Italiens notwendig, sich mehrere Optionen offenzuhalten, für weitere imperialistische Pläne. Zu diesem Zweck bediente sich die italienische Führungsgruppe in skrupelloser Weise der in diesem Gebiet zahlreichen miteinander verfeindeten Mikronationalismen. Als erstes machte sie sich den albanischen Nationalismus in seiner antigriechischen und antijugoslawischen Form zunutze, indem sie den lokalen Eliten die Errichtung eines »Großalbaniens« versprach,

Italienische Soldaten auf dem Rückzug bei El Alamein

das alle Territorien umfaßte, die von albanischsprechenden Völkern bewohnt wurden. Danach begann ein verwickeltes Spiel, dessen Ziel die Hegemonie im kollaborationistischen Ustascha-Staat war, zu dessen Gebiet nicht nur das eigentliche Kroatien (außer dem von Italien annektierten Dalmatien), sondern auch Bosnien und Herzegowina gehörten.

Die Gleichgewichtsverhältnisse in diesem Gebiet waren unsicher und spitzten sich durch den Ausbruch des gleichzeitig antisemitischen, antiserbischen und ultrakatholischen, kroatischen Nationalismus zu. Kaum hatten sich Pavelic und seine Ustascha in Zagreb festgesetzt, begannen sie eine gnadenlose Vernichtungsaktion gegen die jüdischen, muslimischen und serbisch-orthodoxen Minderheiten, die in den Grenzgebieten der NDH ansässig waren. Diese Aktionen der Ustascha-Milizen bewirkten wiederum seit Sommer 1941 die Entstehung von Rebellenbewegungen, die in Bosnien und Herzegowina besonders stark waren und aus zwei unterschiedlichen Bewegungen bestanden: erstens die serbisch-nationalistische Bewegung, die die Tschetnik-Einheiten ins Leben rief; zweitens die von dem Kommunisten Josip Broz »Tito« geführte Bewegung, deren

Emblem der kroatischen Ustascha

Ziel die Bildung einer panjugoslawischen Befreiungsbewegung war. Die Beziehungen zwischen diesen beiden Gruppen brachen wegen des aggressiven großserbischen Nationalismus, der die Tschetniks charakterisierte und sie zu einem Spiegelbild der Ustascha machte, bald ab. Die italienischen Besatzungsbehörden sahen nun eine Möglichkeit, sich einzumischen. Sie schlossen Abkommen mit den Tschetniks, belieferten sie mit Waffen, Lebensmitteln und Geld. Sie hofften so, über eine effiziente Hilfstruppe zu verfügen, die sie bei der Niederwerfung der Partisanen Titos einsetzen und dazu benützen könnten, den Autonomiedruck der Ustascha und die Hegemoniepläne der Deutschen zu bändigen. Daß die Tschetniks die italienischen Waffen dazu benutzen, um kroatische und bosnisch-muslimische Zivilisten niederzumetzeln, interessierte die römischen Politiker, Diplomaten und Generäle wenig.

Neben den Massendeportationen von Zivilisten in Konzentrationslager nach Italien und auf die dalmatischen Inseln wie z.B. Rab (ein Schicksal, das 20% der 350 000 »annektierten« Slowenen traf), gehörten auch Vergeltungsmaßnahmen gegen Dörfer, Geiselerschießungen und Massenmassaker zur Praxis des italienischen königlichen Heeres, insbesondere seit Sommer 1941, nach der blutigen Unterdrückung des Partisanenaufstandes in Montenegro. Im Frühjahr 1942 verheerten italienische und deutsche Abteilungen, unterstützt von Ustascha-Milizen und Tschetnik-Formationen, Bosnien. Im Sommer desselben Jahres begann in der Provinz Laibach die Jagd auf die Partisanen-Formationen der Befreiungsfront *(Oslobodilna Fronte)*. Der italienische Befehlshaber General Robotti forderte seine Soldaten auf, »keine Skrupel zu haben«. Von Januar bis April 1943 ging es wieder um Bosnien und Herzegowina. Diesmal hatten es jedoch die Besatzungstruppen und deren Helfershelfer mit gut organisierten Partisaneneinheiten zu tun, denen es gelang, eine ganze italienische Division, die »Murge«, außer Gefecht zu setzen.

War in Jugoslawien das Hauptproblem der Besatzer die Partisanenbewegung, so war es in Griechenland im Winter 1941/42 die große Hungersnot, die 360 000 Opfer, rund 5% der griechischen Bevölkerung, forderte. Wegen des Mangels an Düngemitteln und Zugtieren halbierte sich die Binnenproduktion. Die Importe gingen auf ein Minimum zurück, während Deutschland und Italien nur 20 000 der 150 000 Tonnen Getreide schickten, zu deren Lieferung sie sich verpflichtet hatten. Nur die Entscheidung der englischen Regierung – unter dem Druck der USA –, Ende März 1942 die Seeblockade Griechenlands aufzuheben, verhinderte eine riesige Hungerkatastrophe. Die italienischen und deutschen Besatzungsbehörden hatten den Nachschub verringert, in der Überzeugung, daß die Hungersnot keine Aufstände hervorrufen, sondern den Widerstandswillen der Griechen schwächen würde.

Der Zivilbevölkerung gegenüber zeigten sich die Vertreter Roms erbarmungslos. Folter, Vergeltungsmaßnahmen, Deportationen, Dorfverbrennungen, Vergewaltigungen und Massenerschießungen waren die italienische Antwort auf die Aktionen des griechischen Widerstands.

Jugoslawische Zivilisten auf der Flucht vor Repressalien

Das »Dritte Reich«: politischer Verbündeter, Diktator in der Wirtschaft

Die wirtschaftliche Unterlegenheit Italiens wurde angesichts der militärischen Eroberungen der Wehrmacht noch sichtbarer. Seit Sommer 1940 kontrollierte Berlin alle Kohlevorräte Kontinentaleuropas: in Polen, Frankreich, Belgien und Luxemburg. Kohle war ein unabdingbarer Rohstoff sowohl für die Schwerindustrie, die Energieproduktion, die zivilen und militärischen Land- und Wassertransporte als auch für das tägliche Leben der Stadtbevölkerung. 1941 hing Italien mit fast 80% seines Kohlebedarfs von den deutschen Lieferungen ab.

Anfang 1941 bestimmten die Behörden in Berlin, daß der italienische Außenhandel mit den von der Wehrmacht besetzten Staaten nicht mehr durch die bilateralen Clearing-Abkommen, die vorher zwischen Rom und den jeweiligen Regierungen abgeschlossen worden waren, abzuwickeln sei, sondern über das zentrale deutsche Clearing. Das »Dritte Reich« monopolisierte so den Außenhandel von halb Europa. Der sogenannten »italoalbanischen Zollunion« stand ein aus Deutschland und den unterworfenen Ländern gebildeter Wirtschaftsblock gegenüber. Ein beeindruckendes Bild dieser Mischung aus effektiver Ungleichheit und formaler »Achsen«-Gleichheit, die die Beziehungen zwischen den beiden Regimen bestimmt, kann dem 9. Protokoll der italienisch-deutschen wirtschaftlichen Beziehungen vom März 1942 entnommen werden: Die Liste der Forderungen, die Rom vorlegte, war erstaunlich. Italien brauchte Kohle (über eine Million Tonnen im Monat), Rohstoffe und Schrott für die Stahlindustrie, Dieselkraftstoff und Erdöl, sowie 200 000 Tonnen Getreide, teils für den eigenen Bedarf (die Ernte von 1941 war knapp), teils für die besetzten griechischen Gebiete. Im Juli 1942 baten die italienischen Behörden den Verbündeten, an der Ausbeutung der eroberten sowjetischen Länder teilhaben zu dürfen. Das italienische Außenministerium hielt schon einen Plan für die Bebauung tausender Hektar Land in der Ukraine bereit, unter der Bedingung, daß das »Dritte Reich« Samen, Dünger, Traktoren und Brennstoff zur Verfügung stellte. Italien würde die nötigen Arbeitskräfte bereitstellen.

Deutschland hatte leichtes Spiel. Es lieferte dem Verbündeten so viel, wie mit den eigenen Erfordernissen und der politischen, wirtschaftlichen und militärischen Notwendigkeit vereinbar war, um ihn am Leben zu erhalten – und kein Gramm Material mehr. Das Getreide wurde direkt aus der Ukraine gestohlen, dessen Bevölkerung ohnehin schon für das »Dritte Reich« und seinen italienischen Verbündeten hungerte. Italien verpflichtete sich, Reis für die Abteilungen der Wehrmacht an der Ostfront zu liefern.

Die Stimmung in der Bevölkerung

Zwischen 1941 und 1942 wuchs unter der Zivilbevölkerung eine resignative Haltung gegenüber dem Krieg und dem Regime. Die Bombardierungen der Alliierten im Süden, die Reduzierung der Lebensmittelrationen und die Inflation, die die Kaufkraft der Löhne und Gehälter aushöhlte, ließ die Unzufriedenheit wachsen. Der Index der Großhandelspreise stieg von 100 im Januar 1938 auf 140 im Jahr 1941 und auf 163 im Jahr 1942, was eine drastische Verschlechterung des Lebensstandards breiter Bevölkerungsschichten zur Folge hatte. Als der Vergleich mit dem verbündeten Deutschland, wo es gelungen war, eine strenge Kontrolle der Preise einzuführen, zu ungunsten des Duce und seines Regimes ausfiel, wurde der Mißmut nur noch größer.

Diese Mißstimmung drückte sich in einem stummen, Groll gegen das Regime und seine Parteifunktionäre aus, aber auch in einzelnen Aufständen in den ärmsten Schichten der Bevölkerung, wie die hauptsächlich von Frauen initiierten Straßenproteste gegen die Verteuerung. Angesichts der Reduzierung der täglichen Brotration von 200 auf 150 Gramm im März 1942 florierte der Schwarzmarkt. Er wurde dadurch gefördert, daß sich die Bauern weigerten, ihre Ernte, deren Preise durch die Inflation ausgehöhlt waren, auf den öffentlichen Sammelplätzen abzugeben. Die Zivilbevölkerung entdeckte den Tauschhandel wieder. Das Zusammentreffen der Katastrophe der ARMIR mit dem Zusammenbruch der Achsenkräfte in Nordafrika und die verstärkten alliierten Luftangriffe auf die Städte ließen die Bevölkerung und die Führungsschichten die unmittelbar bevorstehende Katastrophe erahnen.

oben: Schlangestehen vor einer Bäckerei
unten: Schwarzmarkt

oben: Metallmangel: Die Regierung verlangt die Ablieferung von Nickel, Kupfer und Zink
unten: Die öffentlichen Verkehrsmittel im Krieg

Auswirkungen der Luftangriffe

Die Krise von 1943

Zwischen Ende 1942 und Anfang 1943 vergrößerten sich die Risse im deutsch-italienischen Bündnis. Dazu gehörte das im Dezember 1942 vorgebrachte Gesuch um die Rückkehr der italienischen Mitbürger, die als Industriearbeiter, Bauarbeiter und Landarbeiter in Deutschland beschäftigt waren. Wegen des Clearing-Mechanismus, mit dem der Import-Export zwischen den Achsenpartnern geregelt war, war Rom gezwungen, die Überweisungen, die diese Emigranten an ihre Familien in der Heimat geschickt hatten, vorzustrecken, ohne daß man in Berlin daran dachte, die Rechnung mit Waren oder anderem auszugleichen. So exportierte das »Dritte Reich« die Inflation nach Italien, dessen Behörden mit einer der Summe der Überweisungen entsprechenden Zunahme der Nachfrage rechnen mußten, ohne daß ein größeres Angebot an Konsumgütern vorhanden war. Sie waren gezwungen, die Geldmenge zu erhöhen, um den Bargeldforderungen nachkommen zu können, da man unmöglich zu viele Emigrantenfamilien warten lassen konnte. Auf die italienischen Proteste hin antworteten die deutschen Verantwortlichen, daß die finanzielle Verpflichtung, die Rom auf sich nehme, als Beitrag zur gemeinsamen Kriegsanstrengung angesehen werde, da die königlichen Truppen sich militärisch nicht bewährt hätten. Daher also die Entscheidung, die Rückkehr von rund 200 000 Italienern zu gestatten, die im »Reich« arbeiteten. Wobei Italien jedoch mit der Behinderung und den Verzögerungstaktiken der deutschen Behörden rechnen mußte, die alles andere als bereit waren, auf diese wertvollen Arbeitskräfte zu verzichten, umso weniger, je mehr deutsche Arbeitskräfte durch die Ereignisse an der Ostfront der Produktion entzogen wurden.

Der italienisch-deutsche Brückenkopf in Tunesien, der von Engländern und Amerikanern belagert wurde, die ihrerseits von französisch-gaullistischen Abteilungen unterstützt wurden, wäre nur mit reichlichem Nachschub aus dem Heimatgebiet zu verteidigen gewesen. Das Mittelmeer wurde jedoch von der britischen *Mediterranean Fleet* kontrolliert. Die einzige Möglichkeit, eine deutliche Überlegenheit in der Luft zu erreichen und zu halten, wäre die Verlegung einer großen Anzahl Fluggeschwader der Luftwaffe nach Italien gewesen. Doch auch hier waren die Erfordernisse an der Ostfront mit dem nordafrikanischen Kriegsschauplatz nicht vereinbar. Die größtmögliche Anzahl von Kampfflugzeugen wurde in den Osten geschickt und Tunesien mußte sich mit dem begnügen, was übrigblieb. Am 11. Mai 1943 stellten die Abteilungen der Achse in Nordafrika die Kämpfe ein.

Anfang Juli wurde die befestigte Insel Pantelleria, das Bollwerk Siziliens, bombardiert. Nach sechs Tagen Bombardement beschloß das Festungskommando, sich zu ergeben, obwohl seine Verteidigungskapazitäten kaum angetastet waren und seine Flugabwehr den Angreifern erhebliche Verluste bei-

Einzug der Amerikaner in Monreale, Sizilien

brachte. 18000 Mann und 180 Kanonen fielen in die Hände der Alliierten. In der Nacht vom 9. auf den 10. Juli 1943 landeten angloamerikanische Truppen in Sizilien. Gegen die 160000 Mann, 600 Panzer und 1000 Kanonen dieses Expeditionskorps standen zehn italienische Küstendivisionen und zwei deutsche Divisionen. Zahlenmäßig waren die Kräfteverhältnisse günstig für die Verteidiger, aber die schwachen Küstendivisionen brachen auseinander. Den Abteilungen der Wehrmacht gelang es nur, den Vorstoß der Alliierten zu verlangsamen, am Ende zog sich die deutsche Armee hinter die Meerenge von Messina zurück. Am 24. Juli wehten auf der Insel der Union Jack und das Sternenbanner.

Das Wiederaufflammen sozialer Konflikte

Zwischen dem 5. und 10. März 1943 traten die Arbeiter zahlreicher Fabriken im Norden aus wirtschaftlichen und politischen Gründen in Streik. Sie forderten eine Erhöhung der Löhne und Lebensmittelrationen, vor allem für Brot, die Gewährung der »Evakuierungsentschädigung« für alle Arbeitenden, die das Regime den Werktätigen der militarisierten Betriebe versprochen hatte; und sie demonstrierten für den Frieden. Die Unruhen dauerten mehrere Tage, ohne daß der Unterdrükkungsapparat des monarchistisch-faschistischen Staates eingriff. Die Miliz beschränkte sich darauf, dafür zu sorgen, daß die Protestbewegung innerhalb der Fabriken blieb und keine weiteren Demonstrationen nach sich zog. Die Betriebsleitungen akzeptierten mehr oder weniger offiziell die Forderungen ihrer Arbeitnehmer. Am 2. April kündigte Mussolini Lohnerhöhungen an. Außer den materiellen Ergebnissen hatten die Streiks vom März 1943 eine große symbolische und politische Bedeutung, die von den Beteiligten auf beiden Seiten deutlich erkannt wurde. Die Arbeiter hatten sich ihr Streikrecht wieder zurückgeholt und gleichzeitig ihre grundlegende Funktion als Orientierungspunkt für jede politische Kraft nach dem Faschismus geltend gemacht. Die Streikenden fühlten sich als Teil einer weiten, organisierten internationalen Bewegung: die Nachrichten von der Schlacht um Stalingrad und der gewalti-

Streikende Arbeiter in Sesto San Giovanni

gen Niederlage der Wehrmacht durch die Rote Armee waren in die Fabriken gedrungen.

Der Bruch des vom Regime aufgezwungenen sozialen Friedens überraschte auch die sich gerade wieder regenerierende antifaschistische Opposition. Er übertraf selbst die Hoffnungen der Kommunisten, der einzigen in den Werkhallen vorhandenen, wenn auch sehr zusammengeschmolzenen Kraft; im großen Turiner Komplex von Fiat Mirafiori waren es zum Beispiel nur einige Dutzend aktiver Kämpfer. Die Ausmaße des Bruchs, der sich am 5. März 1943 gezeigt hatte, entgingen der Führungsgruppe des Regimes ebensowenig wie die unsichere Reaktion der Behörden und das Fehlen jeglicher Antistreik-Mobilisierung durch die in den Fabriken vertretenen Mitglieder der PNF. Ein weiteres Indiz, wie schwach der Konsens mit dem Faschismus bereits war.

Unruhe in den Führungseliten

In den Führungskreisen und höchsten Staatsebenen sowie innerhalb der PNF selbst wurde immer deutlicher, daß der Krieg verloren war und es nur darum gehen könne, zu retten, was zu retten war – vor allem die eigene Macht. Im Januar 1943 verlangten der britische und der amerikanische Staatsführer, Winston Churchill und Franklin D. Roosevelt, in Casablanca die »bedingungslose Kapitulation«: Deutschland, Japan und Italien würde nicht zugestanden werden, auch nur eine Bedingung vorzubringen. Gleichzeitig schlossen sie aus, mit ausdrücklich faschistischen Kräften zu verhandeln. Die weniger kompromittierten Eliten waren somit aufgefordert, vorzutreten: In Italien war dies die Krone. König Vittorio Emanuele III. wollte keinesfalls zusammen mit dem Regime stürzen, zu dessen Errichtung er vor zwanzig Jahren beigetragen hatte.

Innerhalb der PNF zeichneten sich Positionen ab, die für einen gemäßigten, am Westen orientierten, paternalistischen, monarchistischen und klerikalen »Faschismus ohne Mussolini« waren. Ihnen standen radikale Tendenzen gegenüber, die am Bündnis mit Deutschland und der Gleichsetzung des Faschismus mit dem Nationalsozialismus festhielten. Die katholischen Führungsschichten, die für breite Schichten der Bevölke-

Carlo Scorza erstattet vor einer Versammlung der PNF Bericht.

rung während des Krieges zu einem Bezugspunkt geworden waren, wollten zur konstitutionellen Situation vor dem Faschismus zurückkehren.

Am 5. Februar 1943 kündigte Mussolini einen radikalen »Führungswechsel« innerhalb der Ministergruppe an. Einige der exponiertesten Führungskräfte, unter ihnen Galeazzo Ciano, Giuseppe Bottai, Dino Grandi, Guido Buffarini Guidi und Alessandro Pavolini wurden aus der Regierung ausgeschlossen. Einen Monat später wurde der Parteisekretär der PNF Aldo Vidussoni durch Carlo Scorza ersetzt, und der Polizeichef Carmine Senise durch Renzo Chierici, einen hohen Offizier der MVSN. Unter den Ausgeschlossenen sind sowohl »Gemäßigte« als auch »Radikale«. Ihre Nachfolger waren alle ziemlich farblose Persönlichkeiten: Benito Mussolini spielte die Zentralisierung der Macht in seinen Händen als letzte Karte aus.

Die Neuorgansisation des Antifaschismus

Die einzige antifaschistische Kraft in Italien, die im diktatorischen faschistischen Regime ihre Organisationsstruktur hatte aufrechterhalten können war die Kommunistische Partei. Daneben waren seit 1931 auch die Gruppen von *Giustizia e Libertà* (GL) sehr aktiv, die sich auf den Sozialliberalismus Carlo Rossellis beriefen. Daneben gab es noch sozialistische Gruppen, die weniger gut organisiert waren und keine Kontakte zu den Emigrationszentren hatten: die Erben der populären Verwurzelung des PSI von Andrea Costa, Anna Kuliscioff und Filippo Turati oder die Befürworter eines Linkssozialismus, der sowohl dem sozialdemokratischen als auch dem sowjetischen Modell kritisch gegenüberstand. Auch liberale Stimmen, die gegenüber dem Regime vorsichtige Kritik äußerten, waren nicht völlig verschwunden und orientierten sich an Persönlichkeiten aus der Zeit vor dem Faschismus wie Vittorio Emanuele Orlando, Ivanoe Bonomi, Marcello Soleri oder dem Intellektuellen Benedetto Croce. Zudem gab es in der katholischen Welt, die dank des Konkordats von 1929 der einzige kulturell relativ autonome Bereich war, durchaus feindliche Einstellungen gegenüber Mussolini und dem Faschismus.

Palmiro Togliatti

1942 veranlaßten der Kriegsverlauf und die fortschreitende Krise des Regimes die Oppositionsgruppen zu einer Neuorganisation. Die Kommunisten verfügten bereits über eine Zentrale im Inland und im Juli 1942 begannen sie bereits wieder, illegal die *L'Unità* zu verbreiten. Zwischen Mai und Juni 1942 entstand die Aktionspartei, *Partito d'azione*, aus dem Zusammenschluß der Zellen der GL, der sich an die Ideen Aldo Capitinis anlehnenden liberalsozialistischen Strömungen, einiger demokratisch-liberaler Richtungen und anderer Gruppierungen des nicht-kommunistischen, demokratischen und konfessionslosen Antifaschismus. Im Oktober 1942 wurde die *Democrazia Christiana* (DC) gegründet, in die Kader eingingen, die in der Volkspartei (PPI) gekämpft hatten und junge Leute, die aus den Reihen des Katholischen Werkes kamen. Im Januar 1943 gründete Lelio Basso die Bewegung der proletarischen Einheit, *Movimento di unità proletaria* (MUP), die im Norden und in Rom aktive sozialistische Gruppen um sich versammelte. Am 6. August vereinten MUP und die von Pietro Nenni und Giuseppe Saragat geführte PSI ihre Kräfte und gründeten die Sozialistische Partei der proletarischen Einheit, *Partito socialista italiana di unità proletaria* (PSIUP).

So bildete sich – in groben Linien – bereits die Parteienkonstellation heraus, die das Leben des zukünftigen, republikanischen Italiens charakterisieren würde. In diesem Augenblick verfügte freilich keine dieser Kräfte über einen funktionierenden Organisationsapparat. Die am besten strukturierte Partei, die kommunistische, zählte zu Beginn des Sommers 1943 nicht mehr als 5000 Mitglieder. Statt von einem Parteiensystem muß man daher von einer antifaschistischen politischen Schicht sprechen, die sich, mit dem Antifaschismus als gemeinsamem Bezugspunkt, in verschiedene Richtungen gliedert. In den Monaten zwischen Sommer 1943 und Frühjahr 1945 mußte diese politische Schicht ihre Fähigkeit, eine führende Rolle zu übernehmen, unter Beweis stellen.

Der Staatsstreich vom 25. Juli 1943

Die Landung der Alliierten in Sizilien beschleunigte die Krise des Regimes. In breiten Bereichen der Wirtschafts- und Unternehmerkreise war man davon überzeugt, daß es mit Mussolini und dem Faschismus ein Ende haben müsse. Für die Krone, das Militär, die Hochfinanz und Kirchenhierarchie ging es nunmehr darum, den schmerzlosesten Weg zu finden. Es begann eine Phase »großer Manöver«, die sich vor allem im Senat abspielten, dessen Mitglieder vom König ernannt waren. Der Senat hatte sich zu einem Hauptinstrument der Kontinuität zwischen dem liberal-monarchistischen und dem monarchistisch-faschistischen Italien entwickelt.

Im Juli 1943 zeichneten sich zwei parallele Verschwörungen ab, die Mussolini vertreiben und das Bündnis mit Deutschland auflösen wollten. Hauptakteure der ersten waren liberale gemäßigte politische Vertreter der vorfaschistischen Zeit. Hinter der zweiten standen faschistische Parteifunktionäre, die den Duce ausschalten wollten. Eine wesentliche Forderung beider Gruppierungen war die Rückgabe der konstitutionellen Gewalt an den König Vittorio Emanuele III. und die Bildung eines neuen Kabinetts. Es war der König, der die Entscheidung herbeiführte. Der Monarch willigte zwar ein, Mussolini abzusetzen, aber er wollte sich weder den *revenants*, wie er die alten liberalen Führer verächtlich nannte, noch den Befürwortern eines »Faschismus ohne Mussolini« um Dino Grandi anvertrauen. Sein Vorschlag war es, eine Militärregierung zu bilden und die Präsidentschaft dem Marschall Pietro Badoglio anzuvertrauen, einer in der Heimat und im Ausland bekannten Persönlichkeit mit festen Beziehungen zur Krone.

Inzwischen begannen Grandi und die ihn unterstützenden hohen Parteifunktionäre bereits, ihren Plan in die Tat umzusetzen. Mussolini hatte nach der Invasion in Sizilien auf den Antrag der Ortsgruppenführer der PNF um politische Klärung am Abend des 24. Juli 1943 den Großen Faschistischen Rat einberufen, der theoretisch die höchste Instanz des Regimes war, aber seit Dezember 1939 nicht mehr getagt hatte. Während der Versammlung, die in einer ziemlich gespannten Stimmung ablief, präsentierte Dino Grandi einen eigenen Tagesbefehl, für den er bereits die Zustimmung der Mehrheit der Mitglieder der Versammlung eingeholt hatte. Das Schriftstück sah vor, daß das militärische Oberkommando der Krone übergeben werden sollte, was bedeutete, daß dem Regime und seinem Führer das Vertrauen entzogen würde. Der Tagesbefehl Grandi wurde mit 19 gegen acht Stimmen (bei einer Enthaltung) angenommen. Obwohl der Große Rat nur beratende Funktion hatte, wurde dadurch die institutionelle Krise ausgelöst, die am Sonntag nachmittag des 25. Juli, als Mussolini sich zu seiner gewohnten Audienz zum König begab, ihren dramatischen Höhepunkt fand: Mussolini erfuhr vom König, daß er in seiner Funktion als Regierungschef bereits durch Marschall Badoglio ersetzt worden war. Der Duce des Faschismus wurde von Karabinieri in Gewahrsam genommen und in eine Kaserne der Hauptstadt abgeführt.

Der befürchtete Aufstand der Faschisten, auf den die dem König und Badoglio ergebenen Streitkräfte sich bereits vorbereitet hatten, fand nicht statt: der letzte Sekretär der PNF, Carlo Scorza, und der Befehlshaber der MVSN, Enzo Galbiati, versicherten der Krone ihre Loyalität und forderten die lokalen Fasci auf, Ruhe zu bewahren. Noch am selben Abend und in den folgenden Tagen strömten feiernde Massen auf die Straßen, die den König und Badoglio hochleben ließen und die Symbole der letzten zwanzig Jahre zerschlugen: Rutenbündel, Kaiseradler und Mussolinibüsten. Dieser spontane Antifaschismus war weniger eine bewußte Abwehr des Regimes, als Ausdruck der fortschreitenden Entfremdung der Bevölkerung gegenüber einer imperialistischen und kriegerischen Rhetorik. Die große Mehrheit war durch den dreijährigen Krieg, der für

Nach dem Sturz Mussolinis entfernt die jubelnde Menge die Symbole seiner Regierung

sie bereits verloren war, verarmt und entmutigt. Die Massen glaubten, daß der Frieden unmittelbar bevorstünde. Das beunruhigte die neue Regierung, die am Abend des 26. Juli drastische Verfügungen erließ, die den Präfekturen die härteste Überwachung der »öffentlichen Ordnung« nahelegten und sie zum Gebrauch von Feuerwaffen ermächtigten.

In seiner Radiobotschaft vom Abend des 25. Juli hatte Badoglio den Italienern, dem Ausland und vor allem der Führung des »Dritten Reiches« mitgeteilt, daß »der Krieg weitergehe«. Für Adolf Hitler war Mussolinis Präsenz an der Spitze der italienischen Regierung die Garantie für die Bündnistreue des Landes. Ohne Duce wurde die Achse in Frage gestellt. Am 18. Mai 1943 hatte Hitler Erwin Rommel, der aus Nordafrika zurückgekehrt war, damit beauftragt, in München einen Generalstab für zukünftige »Sonderaufträge« im italienischen Einflußgebiet (Heimatgebiete, Südfrankreich und Balkan) zu bilden. Das OKW mußte drei entscheidende Probleme bewältigen: die Isolation der deutschen Truppen unter dem Kommando von General Albert Kesselring in Mittel- und Süditalien verhindern; den Landungen der Alliierten längs der oberitalienischen Küste, die bei einem italienischen Zusammenbruch nicht auszuschließen waren, die Stirn bieten; die Kontrolle der Kommunikationslinien zwischen dem »Reich« und Frankreich durch die Poebene sichern. Am Abend des 25. Juli wurde eine Truppenbewegung verfügt, die innerhalb von sechs Wochen sechs Infanteriedivisionen, eine Panzerdivision, eine motorisierte Division und eine Brigade nach Norditalien bringen sollte. So hätte, sollte es notwendig werden, der Plan »Achse«, die totale Entwaffnung der italienischen Streitkräfte und die Herrschaft über das Territorium und seine Verwaltungsapparate, ausgeführt werden können. Die in Südfrankreich und auf dem Balkan stehenden Einheiten bereiteten sich auf eine Aktion gegen die in diesen Gebieten stationierten italienischen Einheiten vor: Die deutschen Truppen mußten bewegt werden, um die italienischen Einheiten einzukesseln und – sobald es Berlin befehlen würde – in kürzest möglicher Zeit zu entwaffnen.

Pietro Badoglio

CORRIERE DELLA SERA

Le dimissioni di Mussolini

Badoglio Capo del Governo

UN PROCLAMA DEL SOVRANO

Il Re assume il comando delle Forze Armate - Badoglio agli Italiani: "Si serrino le file intorno a Sua Maestà vivente immagine della Patria„

»Der Rücktritt Mussolinis – Badoglio Regierungschef«
Schlagzeile des *Corriere della Serra* vom 26. Juli 1943

Die 45 Tage Badoglios

Die Handlungen der neuen Regierung und der Krone in den Wochen zwischen dem 25. Juli und dem 8. September 1943 können nur verstanden werden, wenn man ihrer Absicht Rechnung trägt, einen Separatfrieden mit den Alliierten zu erreichen, um die traditionellen Machtordnungen in der Gesellschaft und im Staat, an erster Stelle die Monarchie und das Haus Savoyen, zu retten. Eine unmittelbare Umkehrung der Bündnisse wurde ausgeschlossen, man wollte vielmehr Zeit gewinnen, um mit den Engländern und den Amerikanern den Frieden auszuhandeln: einen Frieden, der es Italien ermöglichte, aus dem Krieg auszuscheiden, dabei zumindest einen Teil der Kolonien zu behalten und seine institutionelle Ordnung zu retten. Ein reines Wunschdenken, da es die Forderung der Alliierten, d.h. die bedingungslose Kapitulation der Mächte des Dreibundes, völlig außer Acht ließ. Die Machthaber in Rom handelten, als ob sie den globalen, radikalen Charakter, den der Zweite Weltkrieg angenommen hatte, nicht wahrnehmen wollten. Diesmal trafen nicht, wie im Ersten

Weltkrieg, nur Staaten aufeinander, sondern Weltanschauungen, Wertsysteme und politische Modelle. Italien und seine gesamte Führungsschicht, weit über Mussolini hinaus, mußten sich bewußt werden, daß sie am 10. Juni 1940 einen Weg ohne Rückkehr eingeschlagen hatten.

Während im neutralen Lissabon mit Engländern und Amerikanern Kontakte geknüpft wurden, begann ein kurzes Versteckspiel mit den Deutschen, denen man wiederholt die Treue schwor, ohne sie zu überzeugen. Italien war gezwungen, ihnen zu erlauben, die Einheiten der Wehrmacht unter dem Befehl Rommels nach Italien kommen zu lassen, was offiziell als Beitrag zur »gemeinsamen Verteidigung« dargestellt wurde. Im Inneren weigerten sich Regierung und Krone, sich dem antifaschistischen Lager zu öffnen und verfolgten lieber eine unsichere »weder faschistische noch antifaschistische« Linie, in die sich die klerikalen und autoritären Richtungen innerhalb der Kirche fügten. Am 11. August 1943 schlug der integralistische katholische Vertreter Luigi Gedda, Präsident des Katholischen Werkes, Badoglio vor, die von der PNF geschaffenen Massenorganisationen nicht aufzulösen, sondern dem Katholischen Werk zu unterstellen. Dies hätte zu einem klerikal-militär-faschistischen Regime nach dem portugiesischen Modell des Diktators Antonio de Oliveira Salazar geführt. Der Vorschlag Geddas blieb erfolglos, jedenfalls schloß Badoglio die Möglichkeit eines autoritären Postfaschismus nicht aus: er befreite nur langsam die politischen Gefangenen des Regimes und ließ herausragende Führungskräfte und Parteifunktionäre unbestraft, während er gegen die militanteren und organisierteren Demonstrationen des Volkes hart vorging. Die Streitkräfte setzten gegen Demonstrationszüge und Streiks Waffen ein: 93 Tote und 536 Verletzte waren der Preis, den die Demonstranten bezahlten. Die Initiative von unten trug jedoch zu einer Verschärfung der Gegensätze innerhalb der Regierung bei, und zwar zugunsten derer, die so bald wie möglich einen formalen Waffenstillstand mit den Alliierten erreichen wollten. Am 1. September 1943 wurde General Giuseppe Castellano, der seit langem mit den Engländern und den Amerikanern in Kontakt war, von der Regierung bevollmächtigt, am 3. September in Cassibile bei Syrakus die Kapitulation zu unterzeichnen.

8. September 1943: Der deutsche Verbündete übernimmt den Staat

Obwohl das Ausscheiden Italiens aus dem Krieg unmittelbar bevorstand, hüteten sich Badoglio, der König und die Oberkommandos der Streitkräfte davor, den Truppen klare Anweisungen zu erteilen. Erst am 5. September erreichte die operativen Kommandos der großen italienischen Einheiten in den Heimatgebieten, in Südfrankreich und auf dem Balkan das Memorandum »44 OP« *(ordine pubblico)*, in dem es hieß, sich gegen Angriffe »ganz gleich von welcher Seite« zu verteidigen.

Die italienischen Behörden hatten große Angst, in die Hände der Deutschen zu fallen. Es wurde alles getan, um den in Italien stehenden deutschen Einheiten (17 in vier Armeekorps aufgeteilte Divisionen, ungefähr 300 000 Mann) keinen Vorwand für unvorhergesehene Gegenmaßnahmen zu liefern. Daher bestand Castellano in seinen Waffenstillstandsverhandlungen darauf, daß die Alliierten mit vielen Truppen landeten, um die Halbinsel schnell besetzen zu können. Unter dem Schutz der englischen Truppen hätte man den institutionellen und sozialen Status quo retten und eine für die Eliten unangenehme Massenmobilisierung vermeiden können. Diese Pläne ließen jedoch die Absichten Londons und Washingtons und die militärischen Pläne der antifaschistischen Koalition außer Acht.

Die Alliierten hatten nicht die Absicht, Italien eine besondere Priorität zu gewähren. Sie waren lediglich bereit, südlich von Neapel zu landen und eventuell eine mit Flugzeugen transportierte Fallschirmjägerdivision über Rom abspringen zu lassen, die die italienischen Einheiten bei einem möglichen deutschen Angriff unterstützen sollte. Dazu kam es jedoch nicht mehr: Am 8. September 1943 gab General Eisenhower in Radio Algeri bekannt, daß Italien den Waffenstillstand unterzeichnet habe. Kurz danach wurde diese Nachricht von der italienischen Obrigkeit in Radio Rom bestätigt. Einige Stunden später ergriffen Vittorio Emanuele III., Pietro Badoglio und die wichtigsten staatlichen Amtsträger die Flucht und erreichten auf dem Seeweg Brindisi, wo gerade angloamerikanische Einheiten landeten. Vergebens bemühten sich die Kommandanten der Truppenteile in der Heimat und im Ausland, bei den höchsten Behörden Rat einzuholen. Es gab niemanden, der ihnen hätte Antwort geben können. Tausende von Soldaten und Offizieren gerieten in die Gefangenschaft der Deutschen, die sofort die Macht an sich rissen. Ebenso viele flohen und versuchten nach Hause zurückzukehren. Für das italienische Volk ein ungeheures Trauma: der Staat schien sich in dem Moment, in dem eines seiner konstituierenden Elemente, der Machtapparat, nicht mehr bestand, aufgelöst zu haben. Man wußte nicht mehr, wer die gesetzmäßige Regierung war, oder ob es sie überhaupt noch gab. Drei Tage später, am 11. September, war das italienische Gebiet von den Alpen bis zur Front, die die Wehrmacht und die Alliierten trennte – die Linie Salerno-Benevento-Eboli – unter deutscher Kontrolle.

TORINO
Anno 77 Num. 216

LA STAMPA

GIOVEDI'
9 Settembre 1943
Edizione MATTINO

LA GUERRA E' FINITA

Badoglio annuncia alla Nazione che la richiesta di un armistizio è stata accolta dal gen. Eisenhower

Le forze italiane cessano ovunque da ogni ostilità contro gli anglo-sassoni ma sapranno reagire contro eventuali attacchi da qualsiasi altra provenienza

Resa all'ineluttabile

La decisione imposta dall'impossibilità

Un appello a tutti gli italiani

La notizia alla Casa Bianca

Die Schlagzeile der *Stampa* vom 9. September 1943:
»Der Krieg ist vorbei!«

Die Republik von Salò, ein Vasall

Für Hitler, der von der Notwendigkeit überzeugt war, die Faschisten an die Macht zurückzubringen, war der einzige Kandidat für die Führung einer achsentreuen Regierung Benito Mussolini. In Erwartung seiner Befreiung verkündeten die Parteifunktionäre, die nach dem 25. Juli zum Führer nach Deutschland geflüchtet waren, in der Nacht vom 8. auf den 9. September 1943 per Radio die Errichtung einer »faschistischen nationalen Regierung«, der die italienischen Beamten, die sich im Reich aufhielten (mit Ausnahme einiger Diplomaten) ihren Gehorsam erklärten. Am 12. September befreite eine Gruppe deutscher Fallschirmspringer Mussolini aus dem Gefängnis von Gran Sasso, wo er sich auf Befehl Badoglios befand. Zwei Tage später traf er mit Hitler zusammen. Am 15. September verkündete eine Radiomeldung die Wiedererrichtung des faschistischen Regimes als Republik, sowie der Partei, mit Alessandro Pavolini an der Spitze. Acht Tage später, am 23. September, kehrte Mussolini nach Italien zurück.

Am 27. September tagte der neue Ministerrat, dessen Mitglieder in den vorangegangenen Tagen ernannt worden waren. Die Probleme des Neuaufbaus des Militärapparats, der Neuorganisation der bürokratischen Strukturen, der (wenn möglichen) Wiederaufnahme der diplomatischen Beziehungen und der Gestaltung der Wirtschafts- und Finanzpolitik müssen gelöst werden. Die politischen Instanzen, vor allem die Partei, mußten reaktiviert, wenn nicht völlig neu gebildet werden. Außerdem waren eine Reihe konstitutioneller Fragen zu klären. Eine Rückkehr nach Rom wäre ein Akt von großer symbolischer Bedeutung gewesen, aber die Hauptstadt lag zu nahe an der Front. So richtete sich die Regierung am Gardasee ein, in mehreren Ortschaften in der Nähe des Städtchens Salò.

Grenzen der faschistischen Macht

Nachdem die Mitte und der Norden des Landes besetzt und die italienischen Streitkräfte entwaffnet waren, mußte Berlin entscheiden, was mit Italien geschehen sollte. Es galt abzuwägen, ob ein unmittelbarer Rückzug in den toskanisch-emilianischen Appenin erfolgen sollte oder ob die Stellungen so lange wie möglich gehalten werden sollten. Die erste Hypothese wurde von Rommel unterstützt und entsprach der ursprünglichen Position des OKW, die zweite wurde von Kesselring vertreten. Letzterer setzte sich durch, begünstigt durch die Tatsache, daß die angloamerikanische Offensive nach der Landung mit aller Kraft vorangetrieben wurde. Was die Wirtschaft betraf, so gab es zwei Möglichkeiten: Italien entweder auszuplündern oder in einer längerfristigen Perspektive seine Produktionskapazitäten und Arbeitskräfte zu nutzen. Norditalien war

Der alliierte Vormarsch in Italien, 1943–1945

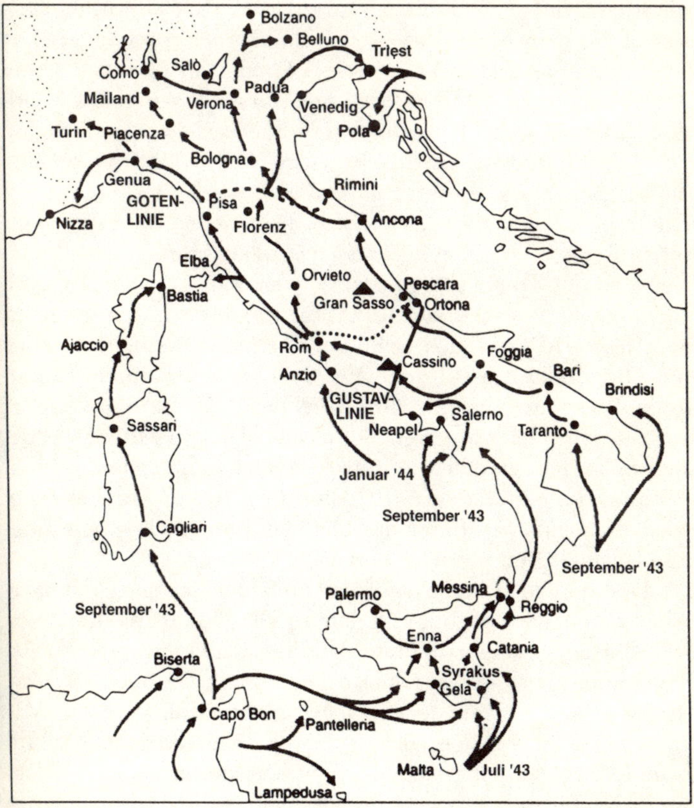

nach Frankreich das größte Industriegebiet außerhalb des Reichsgebiets unter deutscher Herrschaft. Im Herbst 1943 stand die deutsche Kriegswirtschaft stark unter Druck und die Verwendung von Industrieanlagen in besetzten Gebieten bot eine nicht zu unterschätzende Gelegenheit. Für Deutschland stellte sich die Frage, wie Italien politisch regiert werden sollte. Modelle gab es genügend. Seit 1939 hatte das nationalsozialistische Deutschland zahlreiche Länder in Europa besetzt und sie unterschiedlich verwaltet. Das Spektrum reichte von der aufoktroyierten Militärverwaltung (wie für die besetzten Gebiete in der Sowjetunion) über den Aufbau einer Zivilverwaltung kolonialen Typs (das polnische Generalgouvernement und das Protektorat Böhmen und Mähren) bis zur Unterstützung kollaborationistischer Regierungen (Frankreich, Norwegen, die Niederlande, Belgien, Kroatien) mit mehr oder weniger großen Autonomieräumen. Italien war ein Sonderfall. Einerseits war es von einer Front durchzogen, andererseits war es das Land, das das faschistische Regime hervorgebracht und einen der Pole der nationalsozialistisch-faschistischen Achse gebildet hatte. Bei einer Besetzung Italiens wäre die Isolierung Deutschlands deutlich geworden. Den noch mit dem deutschen Reich verbündeten Ländern (Ungarn, Rumänien, Bulgarien), deren Treue aber unsicher war, hätte das Anlaß zum Nachdenken oder gar zur Aufkündigung des Bündnisses gegeben. Das OKW war aus Gründen der militärischen Effizienz für eine direkte Verwaltung. Die Mehrheit der Politiker (unter ihnen Bormann, Himmler und Goebbels) war für den Wiederaufbau einer faschistischen Regierung. Diese Position wurde auch vehement von Außenminister von Ribbentrop und seinen Beamten unterstützt, die in Italien ihre Ämter nur behalten würden, wenn das Land den Anschein von Selbstregierung und Unabhängigkeit aufrecht erhielte.

Durch eine Reihe von Führerbefehlen, ausgegeben zwischen dem 10. September und dem 10. Oktober, wurde die deutsche Präsenz in Italien in einer den Ideen Ribbentrops und den Spitzenpolitikern des nationalsozialistischen Regimes entsprechenden Weise organisiert, wobei Zugeständnisse an die Militärs gemacht wurden. Am 10. September wurde Italien in zwei Teile geteilt: die sogenannten »Operationsgebiete«, also die »Basis für militärische Überlegungen«, und das »übrige be-

Rodolfo Graziani (rechts) mit Albert Kesselring, dem Oberbefehlshaber der Wehrmacht im besetzten Italien

setzte Gebiet«. Am 11. September wurden die Ostprovinzen zu zwei »Operationsgebieten« zusammengefaßt: das Adriatische Küstenland (Görz, Pola, Triest, Udine und das 1941 Jugoslawien entwendete Gebiet von Laibach) samt dem Voralpenland (Belluno, Bozen, Trient), die der Amtsgewalt der Gauleiter Friedrich Rainer und Franz Hofer, dem Statthalter in Kärnten und Tirol, unterstellt waren.

Ein neues Heer für die Repubblica Sociale Italiana?

Am 8. September fielen über 800 000 Soldaten und Offiziere in die Gewalt der Deutschen. Sie verwehrten ihnen den Status von Kriegsgefangenen und ordneten sie in die juristisch ungewöhnliche Kategorie *Internati Militari Italiani* (IMI) ein. Dadurch wurden sie dem Schutz des Internationalen Roten Kreuzes entzogen und konnten auch nicht unter die Obhut einer »Schutzmacht« gestellt werden: Mit diesem Begriff wird auf der Basis der internationalen Konventionen Den Haags und Genfs ein neutrales Land bezeichnet, das die Rolle eines Garanten für die Gefangenen eines kriegführenden Staates über-

Weiblicher Hilfsdienst der Republik von Salò in Mailand

nimmt. Für die Regierung der Repubblica Sociale Italiana (RSI) war diese Frage ziemlich wichtig, da das Schicksal der Gefangenen Millionen von Familien betraf und gleichzeitig ein Prüfstein für die wahre Autonomie der neofaschistischen Regierung war.

Zuerst mußten Mussolini und die Seinen entscheiden, welchen Militärapparat sie aufbauen wollten. Ob sie auf technisch-professionelle, d.h. prinzipiell apolitische Streitkräfte setzen sollten oder auf politisch charakterisierte Formationen. Aufgrund der Charakteristik der drei Waffengattungen (Heer, Marine und Luftwaffe) und der elitäreren Merkmale der See- und Lufteinheiten, bestand die größte Schwierigkeit bei der Massenstruktur, dem Heer. Sollte ein Staatsheer (der RSI) oder eine Parteimiliz (der Republikanischen Faschistischen Partei, PFR) aufgebaut werden? Sollte die SS, die von der NSDAP abhängige politische Waffengattung, oder das in die Wehrmacht eingefügte reguläre Heer dafür Modell sein? Mussolini bewegte sich anfänglich in die erste Richtung und bat Heinrich Himmler, den Chef der SS, um die Bildung einer italienischen Divison, die in die Waffen-SS einzureihen wäre. In der ersten Sitzung des neuen Kabinetts wurde ein Tagesbefehl zur Bildung der republikanischen Streitkräfte ausgegeben, in dem ausdrücklich von der »Miliz« und nicht von einem Heer die Rede war. Eine Ministersitzung vom 27. Oktober 1943 setzte jedoch wieder die traditionelle Dreiteilung fest und bestimmte den unpolitischen Charakter der republikanischen Streitkräfte. Daneben wird eine faschistische Miliz ins Leben gerufen. Am 24. November bestimmte ein Dekret des Duce die Entstehung der *Guardia Nazionale Repubblicana* (GNR), die MVSN, Karabinieri und die *Polizia dell'Africa Italiana* (PAI) in sich vereinte.

Schließlich mußte die Frage des Heerbestandes gelöst werden. Mussolini hoffte, Dienstwillige unter den Gefangenen zu finden, aber die Behörden in Berlin hatten andere Vorstellungen. Die italienischen Soldaten, die zugestimmt hatten, entweder als entwaffnete Hilfskräfte (90000 insgesamt) oder bei der Waffen-SS (rund 20000) an der Seite der Wehrmacht zu kämpfen, vereinnahmten sie, die Übriggebliebenen teilten die für die Führung der Kriegswirtschaft verantwortlichen nationalsozialistischen Instanzen untereinander auf, um die großen Lücken zu füllen, die durch den Krieg innerhalb der verfügbaren Arbeitskräfte entstanden waren.

»Arbeiter, in Deutschland wird es euch ebenso gut gehen, wie es mir ergangen ist.« Propagandaplakat der Republik von Salò

Die nationalsozialistischen Führungskreise sahen den Wiederaufbau eines italienischen Heeres nicht gerne. Sie zogen es vor, wenn ihnen Hilfseinheiten zur Verfügung gestellt wurden, die für die Kontrolle des besetzten Gebiets oder für Unterstützungsaufgaben verwendet werden konnten, wodurch die deutschen Soldaten für Aufgaben in vorderster Linie freigestellt waren. Aufgrund des Drucks der Republik von Salò besuchten jedoch italienisch-deutsche Kommissionen die Gefangenenlager und propagierten die Einberufung zu den Streitkräften Grazianis. Das OKW versprach, knapp 17000 Gefangene zur Verfügung zu stellen, denen sich 45000 Einberufene anschließen sollten.

Die Reaktion der Gefangenen entsprach nicht den Erwartungen Mussolinis und der Seinen. Nur wenige folgten dem Aufruf. Rund 75% der Gefangenen weigerten sich, unter Hitler oder unter Mussolini zu dienen. Das Problem löste sich im August 1944 abrupt, als die deutsche Regierung die *Internati Militari Italiani* (IMI), wie schon vorher die polnischen, holländischen, belgischen und französischen Kriegsgefangenen, zu Zivilarbeitern machte. Der Regierung von Saló blieb nur die Einberufung der Jahrgänge von 1922 bis 1925, die am 9. Oktober 1943 befohlen wurde. Trotz eines Erlasses vom 18. Februar 1944, in dem Wehrdienstverweigerern und Deserteuren die Todesstrafe angedroht wurde, präsentierten sich weniger als die Hälfte der Einberufenen. Nicht alle wurden zum Heer eingezogen. Ein Teil optierte für den Dienst in den Arbeitsbatail-

Propagandaplakate, die zum Kampf für die RSI und zur Freundschaft mit Nazi-Deutschland aufrufen lons der Organisation Todt oder im sogenannten Allgemeinen Arbeitsaufsichtsamt, das von General Paladino geleitet wurde (eine Art italienische OT). Bei dieser Wahl war es möglich, in Italien zu bleiben, während man bei der Aufnahme in die vier zu bildenden Divisionen zur Ausbildung nach Deutschland überstellt wurde. Die Wehrmacht wiederum forderte einen Teil der Eingezogenen für Hilfsdienste in den Land- und Luftstreitkräften an, so daß sich Ende März 1944 nur noch etwas mehr als 20000 Rekrutierte zur Ausbildung in Deutschland befanden. Das reichte kaum für Divisionen. Mitte Juli 1944 wurden die Divisionen »San Marco« und »Monterosa« nach Italien geschickt und Anfang August in die neugegründete »Liguria«-Armee eingegliedert, die zwar nominell von Graziani befehligt wurde, in Wirklichkeit aber unter deutscher Kontrolle war. Sie wurden hauptsächlich im Kampf gegen die Partisanen eingesetzt. Eine dritte Division, die »Littorio«, kehrte Ende Oktober nach Italien zurück, die letzte, die »Italia«, im Dezember 1944. Erst in den letzten Kriegsmonaten wurden die »Monterosa« und die »Italia« an der Front eingesetzt, und auch da nicht an entscheidenden Stellen.

Die PFR: Nazifizierung des Faschismus?

Obwohl Benito Mussolini die Bildung der faschistischen republikanischen Partei, der PFR, bereits in einer Radiomeldung angekündigt hatte, war die Neuorganisation der verstreuten Mitglieder eine langsame und mühsame Operation. Einige Provinzverbände wurden im Zuge einer squadristischen Renaissance neu aufgebaut.

Bei der Eröffnung des Parteikongresses der PFR am 14. November 1943 verkündete ihr Sekretär Alessandro Pavolini, es gäbe 251000 Mitglieder. Im März 1944 war die Zahl bereits auf 487000 gestiegen. Wenn dies auch weit unter den 2600000 Mitgliedern im Jahr 1939 lag, so sind das doch beachtliche Zahlen. Um so mehr, wenn man berücksichtigt, daß die Partei zu den von den Alliierten kontrollierten Gebieten im Süden und den in den »Operationsgebieten« eingeschlossenen Provinzen keinen Zugang hatte.

Die Beitritte aus Opportunität oder aus konformistischer Gesinnung waren weniger geworden, eine wichtige Rolle spielte aber der neosquadristische Flügel, dem sich nationalistische Mitglieder anschlossen, die eine »nationale Versöhnung« befürworteten und denen es gelang, den Konsens der konservativen Schichten zu erhalten. Außerdem gab es eine nationalsyndikalistische Strömung, die alte Slogans, wie den »korporativen nationalen Staat«, ausrief und die Bildung eines autoritären Regimes vorschlug, mit einer Betriebskontrolle durch die Arbeiterschaft: marginale Tendenzen der letzten zwanzig Jahre lebten wieder auf. Doch für die deutschen Besatzungsorgane waren solche »Sozialisierungsbestrebungen« des republikanischen Faschismus nicht mehr als ein unerheblicher Störfaktor.

Die PFR bildete eine Art Verbindungsglied zur RSI, die mit der Zeit einem »Nazifizierungsprozeß« unterworfen wurde: durch die Kollaboration bei den repressiven und terroristischen Handlungen der Besatzer und die bewußte Übernahme von Modellen, Stereotypen, nationalsozialistischen Werten und vor allem durch einen Antisemitismus, dessen erklärtes Ziel die physische Auslöschung aller Juden war. Zu den »Höhepunkten« der Kollaboration zwischen der RSI und dem Deutschen Reich gehörten Aktionen, die nur mit der Beihilfe der Staatsorgane und der Partei der Republik von Salò möglich waren: So die Deportation von 9000 Juden in Vernichtungslager, wo über 8000 umkamen, und die Deportation weiterer 30 000 italienischer Gegner des Faschismus in Konzentrationslager. Der größte Teil kam nach Dachau und Mauthausen, nur ein Zehntel kehrte zurück.

Am 26. Juli 1944 wurde die »Schwarze Brigade« gegründet, der alle Parteimitglieder zwischen 16 und 60 Jahren zwangsweise angehörten. Die Idee ihres »Erfinders« Pavolini war es, den Partisanenformationen faschistische Einheiten entgegenzustellen, die stark motiviert waren. Militärisch gesehen war die »Schwarze Brigade« jedoch kaum wirksam.

Der RSI fehlten die Merkmale eines richtigen Staates. Sie herrschte weder über ihr eigenes Gebiet, noch verfügte sie über ein Heer, noch war sie wirtschaftlich unabhängig. Sie mußte die Kosten für den Unterhalt der Besatzungseinheiten der Wehrmacht tragen und war gezwungen, dem »Verbündeten« ihre Goldreserven auszuliefern. Sie konnte keine eigene Außenpolitik entwickeln. Ihr einziges staatliches Merkmal war der Verwaltungsapparat, dessen Aktivitäten jedoch von der deutschen Besatzungsmaschinerie und seit dem Frühjahr 1944 von der Partisanenbewegung behindert wurden.

Trotzdem stellte die Republik von Salò für Millionen Frauen und Männer in den zwanzig Monaten zwischen dem September 1943 und April 1945 eine real existierende Macht dar. Die RSI muß daher als eine »faktische Regierung« betrachtet werden, die mit der Formel »drei Regierungen, zwei Besatzungen« beschrieben werden kann: Im Norden die deutsche Besatzung, im Süden die angloamerikanische. Im Süden handelte die Regierung des Königs, im Zentrum und im Norden operierten an entgegengesetzten Ufern die Regierung Mussolinis und das nationale Befreiungskomitee Oberitaliens, *Comi-*

»Tod den deutschen Invasoren und den faschistischen Verrätern«: Plakat einer Partisaneneinheit aus Varese. Rechts eine Briefmarke der »Partisanen-Post«.

Gruppe von Partisanen mit einem Kaplan

tato di Liberazione Nazionale Alta Italia. Getrennt waren die beiden Gebiete durch die Frontlinie, die sich langsam aber sicher auf die Poebene zubewegte.

Der Zusammenstoß zwischen Faschismus und Antifaschismus nahm den dreifachen Charakter eines Befreiungs-, Bürger- und Klassenkrieges an: Befreiungskrieg gegen die nationalsozialistische Besatzungsmaschinerie, dessen Kollaborationsapparat die Republik von Saló war. Bürgerkrieg, weil die Existenz einer halbstaatlichen kollaborationistischen Institution nicht nur auf militärischer, sondern auch auf symbolischer Ebene eine Gegenposition hervorrief. Das zeigt vor allem das Schicksal von Begriffen und Grundwerten wie »Vaterland«, »Nation« und »Unabhängigkeit«, die zwischen den beiden Lagern umkämpft waren. – Obwohl strenggenommen der fremdbestimmte Charakter der RSI es nicht zuläßt, von einem »Bürgerkrieg« in engerem Sinn zu sprechen, wie etwa vom spanischen Bürgerkrieg zwischen 1936 und 1939. Klassenkrieg, weil der Faschismus in seiner zwanzigjährigen Herrschaft mit der Herrschaft der Reichen und Besitzenden gleichgestellt wurde.

Das Schicksal des von den deutschen Truppen besetzten Italiens war hart, aber ohne Zweifel weniger tragisch als das

Los Polens oder der von der Wehrmacht besetzten Gebiete der Sowjetunion. Der italienische Fall ähnelte dem französischen Vichy-Staat, in dem ebenfalls eine kollaborationistische Regierung herrschte. Die Republik von Salò entsprach eindeutig dem Besatzungsmodell, das das nationalsozialistische Deutschland für die westeuropäischen Länder vorgesehen hatte.

Der endgültige Zusammenbruch

Die Geschichte der Republik von Salò ist die Geschichte einer langsamen und fortschreitenden Agonie, deren Dauer von den militärischen Operationen an der Front abhing. Ein Spiel, das von anderen Gegnern gespielt wurde, ohne daß die republikanischen Faschisten daran teilnehmen konnten. Ihnen wurde lediglich die Herstellung der »öffentlichen Ordnung« übertragen, d.h. die Unterdrückung der Partisanenaufstände, Massenproteste und Streiks, die sich in den wichtigen Industriezentren wiederholten. Für die »Schwarze Brigade« und die Einheiten des Heeres von Graziani verblieben nur Hilfsaufgaben, nicht selten »schmutzige Arbeiten« wie die Erschießung von

Eines der letzten Bilder: Mussolini inspiziert im März 1945 ein Bataillon der »Schwarzen Brigade«

oben: Florenz: deutsche Truppen sprengen den *Ponte Santa Trinita*
unten: Erhängter Partisan auf der *Piazza* in Ivrea

Zivilpersonen, die verdächtigt wurden, mit Partisaneneinheiten zusammenzuarbeiten.

Solange die Front auf der »Gustav-Linie« (von Cassino bis Ortona) stehen blieb, wo sie sich Mitte Oktober 1943 stabilisiert hatte, konnte sich auch der republikanische Faschismus einen Anschein von Stabilität geben, obwohl unsicher und von der deutschen Unterstützung abhängig. Der Zusammenbruch der »Gustav-Linie« am 11. Mai 1944 und der darauf folgende Verlust Mittelitaliens mit der Befreiung von Rom und Florenz

Die Alliierten werden bei ihrer Ankunft von einer begeisterten Menschenmenge empfangen.

und die Stabilisierung der deutschen Verteidigungslinie auf der »Goten-Linie« (La Spezia-Rimini) im Herbst machte die Poebene zur unmittelbaren Etappe. Um so mehr, wenn man berücksichtigt, daß die aktiven Gruppierungen der Resistenza in den von der Wehrmacht besetzten und der Salò-Regierung unterworfenen Provinzen über rund 80 000 Bewaffnete ausmachten. So brachte der Winter 1944/45 zwar einen gewissen Stillstand in den Kämpfen an der Front, jedoch eine Verschärfung der Razzien und Partisanenaktionen: die deutschen Einheiten mußten die Kontrolle über die Gebiete (die sogenannten »Partisanenrepubliken«) wiedererlangen, die nach der Auflösung der Unterorganisationen des Staatsapparates von Salò unter die Herrschaft der Verbände des Freiheitskommandos, *Comando Volontari della Libertà*, gelangt waren.

Am 11. April begann der entscheidende Angriff der Alliierten auf der Goten-Linie. Gleichzeitig bereiteten sich die Partisanen auf den nationalen Aufstand am 25. April vor. Sie hatten nun verstärkten Zulauf. Insgesamt sind 36 000 Partisanen in der Resistenza gefallen.

Mussolini und die Seinen versuchten durch die Vermittlung des Kardinals Ildefonso Schuster, Erzbischof von Mailand, mit den Alliierten zu verhandeln, aber es war schon zu spät. Nachdem die Deutschen aufgegeben und deren höchste Vertreter in Italien (Rudolf Rahn; General Heinrich von Vietinghoff Scheel, der seit dem 10. März 1945 Kesselring in der Rolle des höchsten Kommandanten der deutschen Streitkräfte in Italien ersetzte; Karl Wolff) schon Separatverhandlungen mit den Engländern und den Amerikanern begonnen hatten, phantasierten die Führer der RSI und des Faschismus noch von einem Widerstand im Veltlin, bis sie sich schließlich von Como aus in Richtung Norden auf die Flucht begaben und sich dem Rückzug der Deutschen anschlossen. Am 27. April 1945 stieß die Kolonne in Dongo auf einen Kontrollposten der Partisanen. Um weiterziehen zu können, willigten die deutschen Militärs ein, die Faschisten auszuliefern. Mussolini und die Seinen werden von der Resistenza gefangengenommen. Am 28. April werden sie teils in Dongo und teils in Giulino di Mezzegra erschossen. Für Italien war der Krieg, und damit der Faschismus zu Ende.

Editorische Notiz

In der italienischen Originalausgabe erschien die *Kurze Geschichte des italienischen Faschismus* von Brunello Mantelli in drei Bänden:

La nascita del facismo
Il regime fascista. 1925–1940
La caduta del fascismo. 1940–1945
alle bei dem Verlag Fenice 2000 in Mailand.

Für die deutsche Ausgabe hat Brunello Mantelli freundlicherweise das Anfangskapitel neu geschrieben.

Weiterführende Bücher

Andrae, Friedrich: *Auch gegen Frauen und Kinder. Der Krieg der Wehrmacht gegen die Zivilbevölkerung in Italien 1943–1945*. München: Piper 1995

Amendola, Giorgio: *Der Antifaschismus in Italien. Ein Interview*. Stuttgart: Klett-Cotta 1977

Aquarone, Alberto: *L'organizzazione dello Stato totalitario*. Turin: Einaudi 1978

Bach, Maurizio: *Die charismatischen Führerdiktaturen: Drittes Reich und italienischer Faschismus im Vergleich ihrer Herrschaftsstrukturen*. Baden-Baden: Nomos Verlagsgesellschaft 1990

Bermani, Cesare; Bologna, Sergio; Mantelli, Brunello: *Proletarier der Achse. Sozialgeschichte der italienischen Fremdarbeit in NS-Deutschland 1937–1943*. Berlin: Akademie-Verlag 1997

Bessel, Richard (Hg.): *Fascist Italy and Nazi Germany: comparisons and contrasts*. Cambridge: Cambridge University Press 1996

Bohn, Jutta: *Das Verhältnis zwischen katholischer Kirche und faschistischem Staat in Italien und die Rezeption in deutschen Zentrumskreisen*. Frankfurt am Main: Lang 1992

Böss, Brigitte: *Benito Mussolini und der Faschismus (eine kommunikationswissenschaftliche Studie)*. Puchheim: IDEA 1988

Collotti, Enzo: *Fascismo, fascismi*. Florenz: Sansoni 1989

Deakin, Frederick William: *Die brutale Freundschaft. Hitler, Mussolini und der Untergang des italienischen Faschismus*. Köln: Kiepenheuer und Witsch 1962

De Felice, Renzo: *Die Deutungen des Faschismus*. Göttingen: Musterschmidt 1980
- *Der Faschismus. Ein Interview*. Stuttgart: Klett-Cotta 1977
- *Mussolini il fascista 1921–1929*. Turin: Einaudi 1966–68
- *Mussolini il duce 1929–1940*. Turin: Einaudi 1974–81
- *Mussolini l'alleato 1943–45*. Turin: Einaudi 1990–97
- *Storia degli ebrei italiani sotto il fascismo*. Turin: Einaudi 1988

De Grazia, Victoria: *The culture of consent. Mass organisation of leisure in fascist Italy*. Cambridge: Cambridge University Press 1981
- *How fascism ruled women: Italy, 1922–1945*. Berkeley: University of California Press 1992

De Luna, Giovanni: *Mussolini*. Reinbek bei Hamburg: Rowohlt 1978

Funke, Manfred: *Kanonen und Sanktionen. Hitler, Mussolini und der internationale Abessinienkonflikt*. Düsseldorf: Droste Verlag 1970

Gentile, Emilio: *The sacralisation of politics in fascist Italy*. Cambridge Mass.: Harvard University Press 1996

Götz, Helmut: *Intellektuelle im faschistischen Italien: Denk- und Verhaltensweisen (1922–1931)*. Hamburg: Kovac 1987

Institut für Zeitgeschichte (Hg.): *Der italienische Faschismus. Probleme und Forschungstendenzen*. München: Oldenbourgh 1983

Klinkhammer, Lutz: *Zwischen Bündnis und Besatzung. Das national-*

sozialistische Deutschland und die Republik von Salò 1943–1945. Tübingen: Niemeyer 1993
Kuß, Stephan: *Römische Kurie, italienischer Staat und faschistische Bewegung. Der Vatikan und Italien in der Zeit nach dem Ersten Weltkrieg bis zur totalitären »Wende« des Mussolini-Regimes (1919–1925)*. Frankfurt am Main: Lang 1995
Lyttelton, Adrian: *The Seizure of power. Fascism in Italy, 1919– 1929*. Princeton N.J.: Princeton University Press 1987
Mack Smith, Denis: *Mussolini*. München: Hanser 1983
Michaelis, Meir: *Mussolini and the Jews. German-Italian Relations and the Jewish Question in Italy 1922–1945*. Oxford: Oxford University Press 1978
Nolte, Ernst: *Der Faschismus in seiner Epoche. Action Française, italienischer Faschismus, Nationalsozialismus*. München: Piper 1986
Nützenadel , Alexander: *Landwirtschaft, Staat und Autarkie. Agrarpolitik im faschistischen Italien (1922–1943)*. Tübingen: Niemeyer 1997
Pavone, Claudio: *Una guerra civile. Saggio sulla moralità nella Resistenza*. Turin: Bollati Boringhieri 1991
Petersen, Jens: *Hitler–Mussolini. Die Entstehung der Achse Berlin–Rom 1933–1936*. Tübingen: Niemeyer 1973
Petersen, Jens und Schieder, Wolfgang (Hgg.): *Faschismus und Gesellschaft in Italien. Staat, Wirtschaft, Kultur*. Vierow bei Greifswald: LHI-Verlag 1997
Salvatorelli, Luigi und Mira, Giovanni: *Storia d' Italia nel periodo fascista*. Turin: Einaudi 1964
Santarelli, Enzo: *Storia del movimento e del regime fascista*. Rom: Editori Riuniti 1967
Sarfatti, Michele: *Mussolini contro gli ebrei*. Turin: Zamorani 1994
Sarti, Roland: *Fascism and the industrial leadership, 1919–1940. A study in the expansion of private power under fascism*. Berkeley: University of California Press 1971
Schieder, Wolfgang (Hg.): *Faschismus als soziale Bewegung. Deutschland und Italien im Vergleich*. Göttingen: Vandenhoeck und Ruprecht 1983
Schreiber, Gerhard: *Die italienischen Militärinternierten im deutschen Machtbereich 1943–1945. Verraten, verachtet, vergessen*. München: Oldenbourgh 1990
Schreiber, Gerhard: *Deutsche Kriegsverbrechen in Italien*. München: Beck 1996
Tasca, Angelo: *Glauben, gehorchen, kämpfen. Aufstieg des Faschismus in Italien*. Wien: Promedia 1986
Tranfaglia, Nicola: *La Grande Guerra ed il fascismo 1914–1939*. Turin: Utet 1995
Vivarelli, Roberto: *Il dopoguerra in Italia e l'avvento del fascismo*. Bologna: Il Mulino 1990

Bildnachweis

S. 2, 13, 17, 31, 68, 80, 99, 106, 111, 119, 129, 133, 142, 153 (unten), 154 (oben), 195 aus: Renzo De Felice und Luigi Goglia, *Storia fotografica del fascismo* (Rom/Bari: Laterza 1981); S. 10, 62, 85 (unten), 91, 95, 115, 120, 127 aus: Brunello Mantelli, *Il regime fascista. 1925–1940* (Mailand: Fenice 2000 1995); S. 11, 12, 78 (links), 81, 82, 83, 86 (unten), 88, 90, 98, 112, 117, 136, 173: Bildarchiv Preußischer Kulturbesitz, Berlin; S. 14: Alinari, Florenz; S. 15, 35, 75, 86 (oben), 101, 141, 152 (oben und unten), 154 (unten), 156, 164, 174, 175, 176, 179, 182 (oben und unten), 183: Archivio Iconografico Giunti, Florenz; S. 21: Archivio Storico FIAT, Turin; S. 24, 25, 26, 27, 36, 37, 43, 57, 60, 64 aus: Brunello Mantelli, *La nascita del fascismo* (Mailand: Fenice 2000 1994); S. 29, 46, 69 aus: *Illustrazione Italiana;* S. 40: Petitti; S. 45, 58, 124, 165, 169: Nino Valeri (Hg.), *Storia d'Italia. Band V: Dalla crisi del primo dopoguerra alla fondazione della repubblica* (Turin: UTET 1969); S. 47: aus der satirischen Zeitschrift *L'Asino*; S. 48 aus: Giovanni De Luna, *Mussolini* (Reinbek bei Hamburg: Rowohlt 1978); S. 50, 55: Civica Raccolta delle Stampe ›Achille Bertarelli‹, Mailand; S. 59, 85 (oben), 100, 108, 152 (oben und unten), 154 (unten), 156, 164, 174, 175, 176, 179, 182 (oben und unten), 183: Publifoto, Mailand; S. 70: aus der satirischen Zeitschrift *Il becco giallo*; S. 77, 84, 94, 110 aus: Carlo Pirovano (Hg.), *Modern Italy. Images and history of a national identy. Band 5: 1860–1980. Visions of the country* (Mailand: Electa 1986); S. 78 (rechts) aus: *Cesare di Cartapesta* (Turin: VEGA 1945); S. 131, 138, 153 (oben): Archivio fotografico della ›Gazetta del Popolo‹, Turin; S. 135, 148, 149, 158, 166, 171: Brunello Mantelli, *La caduta del fascismo. 1940–1945* (Mailand: Fenice 2000 1995); S. 147: Istituto Nazionale Luce; S. 161 aus: Carlo Pirovano (Hg.), *Modern Italy. Images and history of a national identy. Band 3: war, postwar, reconstruction, take-off* (Mailand: Electa 1986); S. 180: Archivio del Centro Studi ›Piero Gobetto‹, Turin; S. 181: Archiv für Kunst und Geschichte, Berlin.

IRIS ORIGO

»Im Namen Gottes und des Geschäfts«

Lebensbild eines toskanischen Kaufmanns der Frührenaissance

»Iris Origo hat es verstanden, wissenschaftliche Akribie und Detailkenntnis mit fesselnder Lebensbeschreibung zu verbinden.« Herfried Münkler, FAZ

Aus dem Englischen und Italienischen von Uta-Elisabeth Trott

WAT 290. 504 Seiten mit erweitertem Bildteil

ATTILIO BRILLI

Als Reisen eine Kunst war

Vom Beginn des modernen Tourismus: Die ›Grand Tour‹

Die Geschichte vom Beginn unserer Sehnsucht in die Ferne: Wie die ersten neugierigen Herren (später auch Damen) der Gesellschaft zur Bildungsreise aufbrechen, die naturgemäß im Kunstland Italien endet.

Aus dem Italienischen von Annette Kopetzki

WAT 274. Deutsche Erstausgabe

224 Seiten mit zahlreichen Abbildungen

STEPHEN GREENBLATT

Wunderbare Besitztümer

Die Erfindung des Fremden: Reisende und Entdecker

»Greenblatt stößt zu den Wurzeln des Fremdenhasses vor: wie aus höchstem Entdeckerglück niedrigste Mörderinstinkte wuchsen.« Martin Doerry, DER SPIEGEL

Aus dem Englischen von Robin Cackett

WAT 296. 288 Seiten mit zahlreichen Abbildungen

KRZYSZTOF POMIAN

Der Ursprung des Museums

Vom Sammeln

»Hier kommt die Geschichte des Sammlers in ihrer ganzen Buntheit zu ihrem Recht: ein Feuerwerk aus Assoziationen!« Henning Ritter, FAZ

Aus dem Französischen von Gustav Rößler

WAT 302. 112 Seiten mit vielen Abbildungen